고요는 어떤 방인가

시산맥 기획시선 104

제38차 기획시선 공모당선 시집

고요는 어떤 방인가

시산맥 기획시선 104

초판 1쇄 인쇄 | 2023년 07월 25일
초판 1쇄 발행 | 2023년 07월 30일

지은이　김근열
펴낸이　문정영
펴낸곳　시산맥사
편집주간　김필영
편집위원　신정민 최연수
등록번호　제300-2013-12호
등록일자　2009년 4월 15일
주소　03131 서울특별시 종로구 율곡로 6길 36. 월드오피스텔 1102호
전화　02-764-8722, 010-8894-8722
전자우편　poemmtss@naver.com
시산맥카페　http://cafe.daum.net/poemmtss

ISBN 979-11-6243-391-1 (03810)

값 10,000원

* 이 책은 전부 또는 일부 내용을 재사용하려면 반드시 저작권자와 시산맥사의 동의를 받아야 합니다.
* 이 책은 교보문고와 연계하여 전자북으로 발간되었습니다.
* 본문 페이지에서 한 연이 첫 번째 행에서 시작될 때에는 〈 표기를 합니다.
* 저자의 의도에 따라 작품의 보조 동사와 합성 명사는 띄어쓰기가 달라질 수 있습니다.

고요는 어떤 방인가

김근열 시집

■ 시인의 말

회귀回歸의 시 쓰기가 되었다.

사랑과 죽음 앞에서
조금이라도 의연해지고 싶어서 일 게다.

일부를 떼어 자유를 준다.

2023년 7월
김근열

■ 차 례

1부 세상을 보다

목련이 피다	18
세상을 보다	20
호주머니 속에는	22
시업 詩業	24
개 팔자, 졸고 계시다	26
출렁이는 집	28
재봉틀 소리	30
손톱이 운다	32
물웅덩이	34
나는 것들 소리 없다	36
벚꽃 길	38
시 창작 강의	40
나무의 저녁	42
수종사 水鍾寺를 오르다	44
불면	46
봄날, 吉祥寺에서	48
참나무의 봄	50
화단에 물을 주고	52
나비 날다	54
의자	56

2부 달

죽음을 좇는 여자	60
달	62
아다다의 딸들	64
돌멩이는 어떻게 굴러다닐까	66
콘택트렌즈	68
애 낳는 남자	70
장마	72
북향北向집	74
기타	76
나만의 지휘자	78
멍2	79
그녀의 마술	80
낡은 구두	82
나비	83
도심 속 트랜스포머	84
둥구나무	86
줄무늬 옷	87
표적	88
국화 옆에서	90
조강포祖江浦	92
낮달	94
단풍잎	95

3부 세한도

이사 가는 날에	98
세한도	100
고사목	102
밤안개	104
누에잠	106
못의 기억	108
돌멩이의 뿌리	110
흡혈귀	112
흉터	114
상실의 시대	116
당연한 것이 당연한 것이 아닐 때	118
수족관 속에서	120
어깨가 불안하다	122
섣달그믐	125
점점	126
엄마 곁으로	128
동동冬冬	130
수종사水鍾寺에서	131
함박눈이 내린다	132
모래무덤	134
그림자 또는 고독	136
불을 끄니	138
들꽃	140
바람 부는 날에	142

4부 자발적 동사凍死

계절의 표정	146
자발적 동사凍死	148
반가사유	150
저녁에 물드는 나무	152
따귀	154
장미를 논하지 말라	156
혈액투석	158
깨진 유리창	159
커서	160
모래가 온다	162
사막의 나룻배	164
날개 뼈	166
만화경	168
건강십훈	170
마음을 파다	172
어항	174
첫눈	176
또다시 봄에	178
해빙기	180
정리	182

■ 해설 | 안은숙(시인)   185

1부

세상을 보다

목련이 피다

밤새도록 시를 쓰다
사유도 없고 묘사도 없는
여러 단어와 문장들을
창밖을 내다보며 가래침 뱉듯
수십 번도 더 뱉어내고 뱉어내었다
떠난 뭉치들이
이웃집 목련나무에 떡하니 걸려있는 것을
아침 출근길에 나는 보고 말았다
어젯밤 밖으로
뭉개어 던져 버린 시어詩語가
내 흰 원고지 뭉치 속에서 피지 못한
은유와 묘사가
목련나무 가지에
꽃봉오리 되어 슬며시 펼쳐지고 있는 것을
시인이 완성하지 못한 비유를
새벽의 여신 에오스가
자기만의 환유를 속삭여주고 갔는지
달의 여신 아르테미스가
달빛으로 은은한 묘사를 흘리고 갔는지
아니면 대지의 신이

적당한 울림을 들려주었는지
내다 버린 내 단어가
뱉어버린 내 문장이
목련나무에서 詩가 되어
한 잎 한 잎 환하게 피어나고 있었다

세상을 보다

칙칙하고
어두운 골목 골라 돌아다니는
검은 들고양이
은하 같은 눈동자를 가지고 있다
신부님 복장으로
골목골목 돌아다니다
오늘 이 골목 옥상에 멈춰 섰다
지금,
저 높은 곳에서 오래도록
무엇을 내려다보고 있는 것일까
가만히 내려다보는
눈동자 속엔
분명 내가 알 수 없는
우주의 초록빛 생명체가 살고 있을 것이다
허블 망원경 같은 눈으로
우리들이
어디까지 무너지는지
유심히 관망하고 있는 것은 아닐까
젖은 눈을
잠시 감았다 뜨면

이 세상 새롭게도 보였을까
어둠 속에 숨어
끝없이 치솟는
도시의 불빛을 바라보는
고양이의 눈빛이 오늘따라 더욱 조심스럽다

호주머니 속에는

호주머니 속에 손을 넣어보았다
따뜻했다
생각보다 그 속은
그리 허전하지도 불편하지도 않았다
가슴 쪽에 덧대고 있어서 그랬을 것이다
안쪽 깊숙이 더듬으니
어릴 적 뒤꼍에서 키웠던
토끼털이 부드럽게 만져졌다
풀을 뜯어 먹이를 주던 작은 구멍도 손끝에 만져졌다
아버지가 꾹꾹 찌르고
간질여주던 옆구리도 느껴졌다
엄마가 안방에서
다듬질하는 소리도 들렸다
막냇동생이
방바닥에 흘리고 먹던
과자부스러기도 만져졌다
옥수수밭을 흔들고 지나간 바람이 마음을 흔들었다
외할머니댁 뒷산에 올라
밤과 도토리를 가득 주워 담던
바지 주머니에도 한 쪽 손을 슬쩍 넣어보았다

주머니가 커지면 커질수록
마음도 환해졌던

오늘 밤
저 환한 달 속을 바라보며
주머니 안쪽을 더듬고 더듬다 보니
내 생의 우주가 여기에 다 들어있다

시업 詩業

대학 졸업하고
아버지가 이어왔던 가난을
보란 듯이 家業으로 이어받았다
이웃 어른 혀를 끌끌 차며
우리 마을에 효자 났네 하겠지만
나는 오늘도 밭에서 돌아와 밖에서 하던 것처럼
방 한구석 책상에 쪼그려 앉아
만년필로 널브러진 개간지 흰 땅
백지장을 판다
원고지 칸칸 정지작업 땅을 물끄러미 들여다보면
가난만 보인다
물고랑 내듯 또박또박 획을 긋다 보면
구슬프다
삽으로 스스로의 무덤을 파듯
파고, 파면
뭐라도 나올 것 같아서 판다
밤이 깊을수록 더 깊어지는 가난
그리 파 내려가고
파 올라가도 결코 살림이 나아지지 않는 걸 알면서도
판다 가난뿐이라서

가난을 내다 판다 당신이 하신 것처럼
누구도 쫓아오지 못하도록
파 내려가다 보면
샘물 고이듯 벌써 가난이란 단어가 백지에 가득하다

개 팔자, 졸고 계시다

성성한 백발짝꿍 남궁금순 졸고 있네
열심히 밭에서 감자를 캤었나
달콤한 꿈나라에서 오독誤讀하셨나
슬쩍 어깨 흔들어도 놀라 깨어나지도 않네
개 팔자는 상팔자라고 지어온 시
오랜만에 시 창작 선생님 웃기면서 짠하다고
칭찬 듣고 긴장 푸셨나
넋 놓고 눈 감고
또 다른 시상詩想 떠올라
노트에 괴발개발 새로운 시 쓰고 계시는가
첫날밤
새신랑 술 취해 먼저 잠들고
올린 족두리 어찌지 못해 마냥 졸고만 있는
어린 신부 피곤하시네
갑자기 황소 눈처럼 확, 눈 뜨고
침 닦으며 괜스레 멋쩍어하실까 봐
힐끗거리며 몰래 훔쳐보고 있는 고운 학생 남궁금순
내 어린 애인 같네
졸면서도 만학晩學의 꿈
무럭무럭 부풀어 오르네

시 공부 와서 따스한 시 한 편 읽고 있네
꾸벅꾸벅
옆자리에 앉아 졸고 있는 그녀가
세상에 둘도 없는 아름다운 詩라고

출렁이는 집

각개전투장에서
사격장으로 무명고지에서
삼백오십 고지로 공격, 방어를 하고
다시 해상에서 육상으로 상륙 훈련하다
삼 개월 만에
다시 집으로 돌아왔다
장마철도 아닌데
그동안 많은 비가 내렸는지
마당 가득 출렁이는 초록 물결이
벌써 무릎까지 차올랐다
보폭마다 찰방찰방 종아리가 살갑구나
물결 깊은 돌 틈 개미가
가재처럼 기어가고
나를 반기는 오봉이는 개헤엄을 치며
살랑살랑 꼬리를 흔들어 꽃수제비 뜬다
혹여,
지나가는 이웃들 울타리 힐끔 넘겨보다
집주인 너무 게으르다며
노를 젓듯 혀 끌끌 찰지 모르겠지만
아내의 살결같이 보드라운 감촉

이 반가운 풍경이 나는 좋다
배를 타러 돌아오는 길
옛 당신의 청보리밭 걷는 것 같아서 참 좋다

내가 수 주일만 비우면
우리 집은 출렁이는 배가 된다

재봉틀 소리

어스름 녘,
빗방울 소리가
컴퓨터 책상 자판 위로 또각또각 걸어간다

골함석 지붕 위를
한 방울 두 방울 바늘처럼 부딪쳐 부러지더니
기어이 물의 물집을 터트린다
대문 앞 가로등 아래 줄기차게 쏟아붓는 빛 방울들
동통이 심했던 허리도
시원하다

담장 아래 패랭이,
복사꽃 그늘에 민들레, 생기발랄해진 꽃잎들이 환하다
끼적끼적 시 쓰는
내 오른 손목 꿰맨 자국도
오래전 붉은 꽃봉오리 힘겹게 꺼낸 자리다

연탄재 쌓인 군하리 골목길이
들꽃들과 함께
이리도 환해지는 것을 보면 오늘은 분명

하늘에 계신 할머니가
세공사처럼 엎드려 지그시 살펴보고 계시는 것이다
성급히 길가로 기어 나온 호박 넌출을 보면

당신 壽衣에
喪章 리본을 브로치 달듯이
가슴에 달았을 때처럼 흥이 나시는가 보다

창가 옆에 펼쳐둔 '시론'
비바람이 먼저 물 점을 찍으며 성급히 여러 章 넘기고 간다

손톱이 운다

퇴근길이 되면
온종일 컴퓨터 작업으로
손끝이 얼얼하다
이렇게 문명에 지고 돌아온 날
어깨와 허리를 대신해 울고 있는 나의 손가락
끝마디의 손톱들
흐리고, 바람이 부는 날이나
어스름 저녁이 되면
옥상에 가만히 올라
기타와 함께 나는 더 울고 싶어진다
줄 타는 곡마단 어린 소년처럼
줄을 빌려
그 위에서 한없이 울고 싶어지는 것이다
손톱이 울고 싶은 건
손끝이 얼얼해서만이 아니다
알 수 없는 아픔이
봉숭아 꽃물 들인 듯 남몰래 손톱 끝에
배어있어서다
기타를 칠 때마다
내 감정을 따라 울어주는 손가락, 손톱들

바람에 빈 빨랫줄이 울듯이
여섯 개의 현弦은 그렇게 엇박자로 운다
오늘따라 손톱은 목이 쉰 듯 쇳소리를 낸다

물웅덩이

도로 바닥 우묵한 곳에
물이 고여 햇빛에 반짝이고 있다
저곳은 마술 같은 워터 문
하늘로 올라가는 작은 문이다
밤이 되면 달나라,
별나라를 여행할 수 있는 출입문이기도 하다
가만히 들여다보면
죽은 내 아버지 얼굴도
희미하게 만날 수 있는 곳이다
높은 구름도 쉽게 뛰어넘을 수 있는 곳
우리의 슬픔도
한꺼번에 뛰어넘어 지나갔으면 좋을 곳
내가 심통이라도 부리면
푸른 하늘도 잠시 닫을 수 있는 문
휘영청 보름달도
고요한 두드림으로
반달로 초승달로 달달 떨게 만들 수 있는 문
이리 소나기 내린 오후에
우리 집 옥상에 올라서서 순한 눈으로
찬찬히 고개를 돌려 동네 한 바퀴 둘러보면 보인다

이 작은 마을 숲속과 처마 밑에
어린 요정들이 살고 있다는 걸
군하리 좁다란 골목 사이사이에 징검돌처럼 놓여있는
작은 물웅덩이를 내려다보며
오늘 나는
저 문 속을 고추잠자리처럼 바지런히 드나든다
웅덩이가 메마를 때까지
또 다른 유적이 드러날 때까지
휘파람을 불거나 하모니카를 불며

나는 것들 소리 없다

이웃에 살았던 가까운 동생
소식 궁금하던 차였는데
교통사고로 죽었다는 부음을 듣고
종일 운전석에 앉기만 하면 헛구역질처럼
어릴 적 잔상이 쏟아졌다
용기와 정의감만 가득했던
그의 불운한 생이 순간 떠올랐다가
차 앞 유리에 부딪히는 날벌레들처럼 속이 터져나갔다
세 살 터울의 초등생 아들 둘이 상주라는 말에
선지 핏덩이 같은 울음 치밀어 올라 목구멍이 턱턱 막혔다
이 아득함이란
혼절한 그의 어머니
가슴에 보이지 않은 대못 무수히 박혔으리라
아버지 주검 먼저 보내시며
그렇게 통곡하셨던 어머니의 기나긴 세월이 떠올랐다
공허한 마음 기댈 곳 없어
십 년 전 끊었던 담배 생각 간절해 습관처럼 베란다로 나갔다
알싸한 저녁 바람 금단현상으로 밀려와
온몸이 건조해지듯 오그라들었다
멍하니 골목을 바라보니

밀감 빛 가로등에 몰려온 날것들
부지런히 날고 있는데 소리가 없다
동생의 울음이 거기 날고 있었다

벚꽃 길

치과 진료를 마치고

벚꽃 길을 환하게 걷는데

어느 순간 발이 땅에서 떨어지더라

떨어져 허공을 사뿐사뿐 걷고 있더라

마음이 캄캄해지더라

바람은 없는데

흩날리는 꽃잎들이 귓불을 스치며 바람을 불어 넣더라

이리 꽃길을 떠다니다 보니 저승인 것 같더라

저승길 같더라

빵! 빵!

자동차 경적,

에 놀란 가슴 도로 한가운데 멍하니 서 있는 내가

황급히 보도블록에 오르다

구두가 턱, 걸려 넘어지고 나서야 이승이더라

군하리 꽃길이더라

시 창작 강의

하얗게 센 머리카락만 봐도
어디서나 연장자로 보이는
재철이 형님이 식당 문을 열고 들어오신다
머리 때문인지 언뜻 보면
동화 속 금도끼 은도끼에 나올 법한
산신령 같으시다
두세 번 스쳐 만난 자린데도
나도 모르게
엉덩이를 살짝 들었다 놓게 된다
저리 백발이 되도록 살아오는 동안
농사일뿐만 아니라
세상의 온갖 대소사에
도가 터도 텄을 분인데
오늘도 농협에서
고추 모종과 퇴비를 섞어 만드는 법을
뒤늦게까지 배우느라 늦었단다
손수 밭에 나가
흙과 뒹굴며 살아온 삶인데
머리통이 검은 젊은 사람들 가운데 앉아
백발을 세우고

해마다 새로운 농사를 배우신단다
3할은 알 것도 같고 7할은 모르겠는*
그 산신령 같은 분이
빈 옆자리에 앉으시며
검은 내 머리통에 불쑥
흰 머리를 들이밀며
시인은
이래 마음먹고 시를 써야 한다고
환하게 말씀하시는 듯하다

* 김춘수 시인의 「시인」

나무의 저녁

당신을 흙 속에 묻고
나무처럼 막연히 기다리기로 했습니다

삽을 메고
능선 아래 논에 나가
차갑게 발을 딛는 일이 아직도 남아있는 듯

당신이 저녁의 마음으로 돌아오십니다

기제忌祭를 지내고
누운 자리에 올라서니 보이네요
논둑길의 풀꽃들이 아득히 떠 있는 것을

먼 곳에서도
당신 발자국을 초저녁별처럼 활짝 열어놓으시니
이제는
겨우내 매실나무 전보를 기다리는 조바심은 내지 않을래요
꽃잎처럼 떠나신 걸 섭섭하게 생각하지 않을게요

어느 순간

슬며시 당신 곁에 누우면
발목을 쓰다듬는 풀꽃들도 있을까요

부자父子의 만남에
어깨를 감싸 주무르는 밤낮과
새들이 몰고 온 나무의 저녁이
조금은 환하고 따뜻해지는 울음도 있을까요

수종사水鐘寺를 오르다

간밤에 쏟아졌던
어떤 이의 울음 길을 자박자박 걸어 올라간다
뒤를 돌아보니
저 멀리 남쪽과 북쪽에서 달려온
황톳빛 짐승 두 마리가
서로 물러서지 않으려는 기세로 휘몰아치고 있다
맞부딪치는 성난 물살에
흙탕이 튀고 있다
방금 휘어진 소의 등짝이 뛰어올랐던가
붉은 꼬리였던가

두 물의
머리 위에 앉아 생각한다
한차례
폭풍이 지나가
가슴의 둥지를 송두리째 흔들어 놓고 간 사람

깊은 계곡을 흘러
진한 生 담고 흘러
저리 세차게 맞부딪치며 또 길게 흘러간다

긴 꼬리, 붉은 이마

하늘을 올려다보니
검은 물소 떼가 다시 몰려온다
또다시 큰 싸움이 벌어지겠다

불면

눈보라가 치는 밤이었다
눈 쌓인 길
미끄러지고 까무러지는 산길
기어오르고 있었다
산 중턱에 있는 아버지 산소
그곳을 오르는 동안
나는 백발이 되어갔다
언제부턴가
웃음소리며 헛기침 버릇까지 아버지를 닮아갔다

봉분 위에 쌓인 눈
울음과 한탄으로 쓸어내리며
소원했던 그간의 일들을 입김에 날려 보냈다
바람은 거셌지만
물속에 가라앉은 듯 몸은 고요했다
미지의 심해를 유영하듯
그 길을 다시 내려왔다
집 안에 들어서며
바람에 덜컹대는 양철 대문을 돌로 괴고
아버지처럼 헛기침을 놓고

외양간에 들러 소 등을 착하게 어루만져주었다
계곡물에 얼음장 부딪치는
맑고 청아한 워낭소리 들려주었다
방문을 열자 찢어진 문풍지 파르르 떨었다
그 깃을 여며주고 방 안에 들어서자
내 잠자리에 내가 누워있었다

눈보라 치는 밤이었다
길 없는 길 끝없이 또 가고 있었다

봄날, 吉祥寺에서

고양이 새끼 한 마리
절 마당 가에 엎드려 뭔가를 노려보고 있네
여차하면 매섭게 낚아채려 발톱 세우고 있네
저 짐승, 본능 깨우는 놈 누구인가

초집중, 스프링처럼 튕겨 나갈
웅크린 근육 반동의 자세

눈빛 겨누는 그곳, 가까이 들여다보니
맵차게 솟아오른
손가락 끝마디만 한 부드러운 새순
바람 불 때마다 움짤 움짤 고양이 시선을 자극하고 있네

세상에 처음 본 놈 놓치지 않으려는 천진한 자세
경계하는 폼, 진지하네
나, 저리 꼿꼿한 자세로 혁명을 꿈꾼 적 있었던가
등 근육 팽팽히 당겨
죽음도 불사한 집중력 보여 준 적 있었던가
부끄럽네
순한 발톱에 내 눈 찔릴 줄 몰랐네

칼끝처럼 날카로운 초심의 발톱이여!
귀싸대기 한번 확! 할퀴어다오 날 번쩍 새롭게 깨워다오

참나무의 봄

때를 기다리는 참호 속 화기처럼
봄 참나무 일제사격 준비 중이다
녹색 탄두가 온 사방을 향해 장전되어있다
나무 안쪽 보이지 않는 곳에
매서운 눈을 하고 매복해있는 적 있으리라
잘못 터트린 백목련연막탄이
개활지에 홀연히 타오르고 있다
사격 신호처럼 벚꽃이 터지면
일순간 기다렸다는 듯
모든 것들을 향해 쏘아댈 저 초록의 탄두들
한동안 쏘아대는 피탄으로
나무는 초연으로 가득 피어오를 것이다
사형수처럼 나는 눈을 감고 나무 앞에 서서
필사즉생의 저 수많은 탄환에 맞을 준비가 되어있다
나무 그늘에 푹 꼬꾸라져
진달래꽃 흩날리듯
붉은 신음 토하며 황홀한 죽음 맞고 싶다
지나가는 바람아
혹여
쓰러진 나를 발견하더라도

결코 누구에게도 말하지 말라
그때 그 환희 방해치 마라

화단에 물을 주고

텃밭에 쪼그려 앉아
잡초를 뽑아주고
대문 옆 화단에 물을 흠뻑 주었다

잠시
돌 위에 앉아 마당을 둘러본다

감나무 잎 사이를 뚫고 들어온
맑은 햇살로 깃을 다듬는 서너 마리 참새
콩콩
이곳저곳을 오르락내리락하는 모습을
감꽃이 바라보며 배시시 웃는다

담쟁이는
금 간 담벼락을 한 땀 한 땀 기워가고

오늘따라
암자에 가만히 앉아 설법을 듣는 기분

고요는 어떤 방인가

〈
삶의 속도를 조금만 내려놓아도
나의 모든 병이 치료되는 곳
마당이라는 작은 방은 나의 물리치료실

눈물 나는 이 암자에서 나는 나의 처방전을 받는다

나비 날다

오른발
왼발
오른쪽, 왼쪽
바람이 따스한 봄날
발걸음을 가만히 내딛고 있을 뿐인데
살랑 바람을 밟은 듯 오늘따라 기분이 허공으로 날아오른다
맥주 한 캔에도 취한 것인가
갑자기
한 마리 나비가 되어 날아오르고 있는 것인가
양팔을 벌려 오르락내리락 낮게 춤을 추어도
세상이 이리 아름답다니
이렇게 날아본 적 언제 있었던가
이런 날
당신이 환하게 웃는 표정 선명하게 다가온다
사분사분
바람을 연주하듯 날아가서
조금은 슬프게 기울어진
먼 그대 야윈 어깨에 살포시 앉고 싶다
두 손을 서로 포개어 잡고
출렁이는 손등의 주름 물결도 오래도록 느껴보고 싶다

들판이 새로운 꽃들로 팡팡 터져 오르고
벚꽃이 흩날리는 날이면
더욱더 고향의 체취가 그리워진다
어릴 적 시골로 날아가 어머니 꽃에 슬며시 앉고 싶다

의자

오늘도
나무 의자가
그 자리에 묵묵히 앉아있다
늘 바른 자세다

많은 생각이
앉았다 갔는지
손때 묻은 팔걸이가 햇빛에 반짝거린다

자세만으로도
저리 고요가 있으니
불편한 일들도 여기에 앉아있으면
몸과 마음이
잠시 편안해지기도 했으리라

앉아있지만
긴 세월을 달려왔다

삐거덕,
곧은 자세가

조금은 풀어진 듯
슬며시 등허리를 받쳐준다

2부

달

죽음을 좇는 여자

회장님은
오늘도 새로운 죽음을 찾아 나선다

장대비 쏟아지는 어제
온몸이 진흙탕 되어 새벽에 돌아왔다
늘 보고 듣고 찾아가도
죽음이란
알 듯하다가도 알아내지 못한다
삶은 보이지 않고
오직 허무만 보이는 축제에 휘말려
죽음에 확, 밀려버리는 건 아닐까
누군가를 위해 조의를 표하다가
여기저기 부고 전할 때면
어느새 이 축제에 조금은 흥분도 한다
누가 나의 죽음에도
빚쟁이처럼 이렇게 흥분하거나 중얼거리며 찾아와 줄까
죽음을 친구처럼
오랫동안 보아 와서
죽는다는 것을 전혀 두려워하지 않는다
오늘이라도 당장

당신 축제에 초대되면 노래방 가듯
검정치마 저고리 휘날리며
우리 동네 상조회장님 싱싱한 죽음 맞이하러
어김없이 또 집을 나선다

달

어머니가 뚜껑을 열자
김칫독 속에 달이 가득 찼다
우리는 달을 먹고 자랐다

노랗게 익은 달을
숭덩숭덩 썰어 밥상에 올려놓으면
우리는 무짠지 코를 베어 먹은 듯 짜릿했다
코에 달이 꽉 찼다

저녁을 먹고
멍석에 벌러덩 누워
풀벌레 울음소리를 듣고 있으면
아라비안나이트 양탄자처럼 나는 둥둥 떠다녔다
날아다니는 반딧불이 쫓아
별 한 마리
별 두 마리
까슬까슬한 아버지의 턱선을 지나
엄마의 앞치마에 사뿐히 앉아 쉬는 별,
을 세기도 하다가
이 개똥벌레 놀음

지그시 내려다보고는
마음 모두 알고 있다는 표정으로
내 어깨를 살며시 두드려주는 달빛이 있었다

오늘도 고단한 몸을 이끌고 집으로 돌아오는 길
골목에 우두커니 서서
당신을 가만히 올려다보고 있으면
오래오래
오래도록 들여다보고 있으면
그렁그렁한 눈물처럼
내 몸짓 다 아는 듯 대견하다고
대견하다고
오래 보고 있어도 눈이 부시지 않아서 좋았다

아다다의 딸들

어린 두 딸을 둔 벙어리 부부
뒷집 낡은 슬레이트 지붕 단칸방에서
월세로 살았습니다
큰아이는 초등생 우리 막내 어깨동무였습니다
능숙한 수화手話는
쿵푸하듯 폭력스럽고 수다스러웠지만
바라보기에는
늘 조용한 자매고 깜찍하고 기특한 아이들이었습니다

막노동판 사고로
변을 당한 아빠, 이미 목이 막힌 아내는
거리의 춤추는 공기인형처럼
허공을 세차게 긁어대며 헛바람만 벅벅 토해내었습니다
엄마 곁에 붉은 막대사탕만 핥고 있는
텅 빈 동공
그 세 살배기 딸아이에 사람들은 차마
숨소리조차 낼 수 없는 벙어리가 되었습니다
세상과 소통할 수 없었던 엄마는 결국 홀로 세상을 떠났습니다
남겨진 아이들 어디서 무엇을 했을지 모르지만
예쁘게는 자랐을 겁니다

〈

설날,

저녁 늦게 시골집에 도착해

어머니 말씀 우연히 흘려듣게 되었습니다

어릴 적 벙어리네 큰딸 수미 우리 영란이 친구 있잔여

그 아가 엊그제 죽었다고

남자친구 오토바이 타고 가다

지 정말 사랑 안 하냐고 되묻고 되묻다가

홧김에 냅다 뛰어내렸다고

하필 화물차가 두 다리를 뭉개고 지나갔다고

급히 응급실로 실려 갔지만

돌볼 사람도 치료비도 없어

다인실 한쪽 구석에 사흘 동안 관짝처럼 누웠다가 죽었다고

사랑이 얼마나 그리웠으면

지 목숨과 바꿔쓸라나 가스실처럼 매캐한 밤

나는 아버지 산소에 슬그머니 가고 싶었습니다

세상의 붉은 맛을 다 본 둘째 아이

어쩌면,

어쩌면 예쁘게는 자랐을 것입니다

돌멩이는 어떻게 굴러다닐까

산소 가는 길
공주석장리 신작로를 걷다
검은 무늬가 눈에 띄어 주워 든 돌
추상같이 차다
섬뜩, 한 번도 뵙지 못한 조부의 목소리가 들려왔다

김장 항아리 속에
짚을 넣고 그 위에 올려둔 돌
뚜껑 열 때마다 바람은
별을 몰고 달을 굴러 들어와 놀다 가곤 했지만
뚜껑이 닫히면
죄인과 다름없는 시큼한 짐승이 되었다

급한 발걸음에
숨이 찬 것이 아니었다
만지작대며
한참을 들여다 본 놈이 나를 짓누르고 있었다
발톱 부러진 공룡 발자국이 보였다
언젠가
내가 먼저 널

걷어찬 기분이 든다

굴러다니던
이 화석 돌멩이를 어떻게 하면 좋을까
여기까지 데리고 왔는데
빗물과 바람에게 풀어줄까
시퍼렇게 흘러가는 강물에 던져줄까
언뜻,
깜깜하게 뭉쳐진 어둠 속에서 익룡의 울음소리가 들렸다

콘택트렌즈

우리 집 고양이
나른하게 엎드려 출근하는 나를 지켜보고 있다
오늘은 눈곱도 많고 늘어진 모습이 유난히도 안쓰러워
곁에 쪼그려 앉아
엷은 갈색 털을 가만히 어루만져주었다
등을 보듬고
목덜미를 쓰다듬을 때 우리의 젖은 눈은 마주쳤다
고양이 눈동자에
푸른 씨앗이 하나씩 잠겨있는 것을 보았다
저 씨앗은 깊은
슬픔의 줄기를 키워가고 있는 눈물의 씨앗일까
괜스레 눈이 싸해졌다
그러고 보니 고양이는
날마다 나를 축축하게 쳐다보고 있었는지 모른다
물욕에 물들고
세상의 때가 두꺼워져 가는 나를 안쓰러워했던 것인가
투명하고 아름다운 우주 눈을
내 썩은 동공으로 바라보는 내내
볍씨를 삼킨 듯 가슴을 쿡쿡 찔러댔다
여태 네가 바라보던 눈빛은

내가 너를 안쓰러워한 것이 아니라
네 주인의 모습을 관조하는 깊은 슬픔이었던가

애 낳는 남자

날마다 나는 애를 낳는다

여직 살아온 날이 죄스러워
이제 황폐한 땅을 갈아엎거나 일구며 산다
죽을 때까지 땅을 놓지 않고
흙을 북돋아 농사를 짓던 당신을
이제는 이해하며 닮아간다
땡볕에서
낟알같이 탱글탱글한 자식들을 생각하며
육신肉身의 분신, 땀방울을 낳는 것이다
이유도 없이
죄인처럼 미친 듯이 메마른 땅을 헤집으며

딸기밭에 앉아 풀을 뽑다 힘겹게 낳는 아기는
물방울 리본을 달고 나온 딸들이다
고추밭 고랑을 매다 나온 아기는
내 몸을 성가시게 구는 사내자식들이다

시골로 내려온 뒤 그들이 나의 행복이다
〈

세상 밖으로 솟구쳐 올라
콧등을 타고 굴러다니는 아이들
등짝에 업혀
자꾸 간질이거나 칭얼대는 녀석들
몸을 비집고 나오는
그 송골송골한 대머리 아기들이 좋다
이보다 더 귀하고 아름다운 탄생이 어디 있을까

나는 그렇게 매일 밭에서 애를 쓰며
애를 낳는 남자다

장마

도시 한가운데
양철지붕이 아직도 있는가
기둥부터 장판 툇마루 모두 옛집 그대로다
이 정도는 돼야지
삼합이 제대로 나오지
장성댁,
홍어 한 접시 들고나오는데
물큰하게 가슴 지려오는 맛이다
동짓날 문밖 막걸리가 싸락눈 흩날리듯
새벽 꼭, 그 시간
요강에 오줌 누고 난 후 그 냄새
홍어를 씹는데 영락없는 할머니 엉덩짝 냄새다

종일 쏟아붓는 빗줄기가
양철 가슴을 두드린다 찬장에 숨겨놓은 십 촉짜리
붉은 홍시
식구들 잘 때 몰래 혼자만 드시던 할머니
오늘 내 얼굴에
엉덩짝을 바짝 들이민 것 같은
둥근 백 접시 그리운 할머니

〈

잔은 자꾸 기울어
목구멍에 폭포처럼 떨어진다
안쪽에서 발로 차여서 아직도 코는 얼얼하다
낡은 기둥에 기대앉아
꾸벅꾸벅 졸고 있는 장성댁
오늘도 홍어는 부엌에서 저리 푹푹 곰삭아가고 있다

북향北向집

우리 집은 북쪽에서 해가 떴다

열여덟,
반항심을 담아 술을 퍼마시며 다녔다
그냥 두려워서 마셨다
새벽에 시끄럽게 돌아오곤 했다
할머니가 몹시 걱정했다

한겨울 창에 눈부신 볕이 들면 눈을 떴다
머리는 무겁고
정신은 늘 혼몽했다
적막 속에서
창문을 흔드는 바람은 늘 사나웠다
하루가 늘 그렇게 두려움으로 시작됐다
쓸쓸한 방 안에 누워
고개를 돌려 창밖을 보면 밖은 금방 어둑어둑해졌다
남쪽으로 기운 태양이
벌써 서쪽으로 기울고 있었다
그 짧은 해를 바라보는 일이
그때는 왜 그렇게 답답하고 서글픈 일이었는지

북쪽의 빛을
서쪽으로 보내고 있는 순간
가위로 머리카락을 싹둑싹둑 잘라내듯
창틀 그림자는
누워있는 내 몸뚱이를 뭉텅뭉텅 잘라냈다
아버지가 엄마를 버리고
이사 온 집이 북향北向집이었다

내가 늦은 잠에서 깨면 항상 북쪽에 해가 떠 있었다

기타

청춘의 거리를
함께 달려온 낡은 기타 한 대
방구석 한쪽에 순한 짐승처럼 웅크려있다
밤늦게 기어들어 오는 나를
오늘도 우두커니 바라보고 있다
옷걸이에 겉옷을 걸고
침대로 가는데 오늘따라 계속 눈길을 주고 있다

침대에 앉아
낡은 너를 물끄러미 바라보다 보니
순간
울컥한 가슴이 어떤 음정으로 울려온다
파, 였던가
갖추지 못한 지친 뼈마디가 저며 왔다

창문을 스치는 바람의 합주 소리가 방 안에 가득 울리고 있다
밤하늘을 건너는 별들의 반짝이는 구둣발도
아내의 거친 숨소리도
귓속 깊은 곳으로 들어오는
옥수수밭 풀벌레 울음소리들도 모두가 흥겹다 슬프다

〈

오래전부터

거리를 함께 달려온 늙은 나의 기타

그의 연주는

어디서나 들리거나 들리지 않는다

언제부턴가 매일 밤

밖에서 들려오는 바람의 노래를 그와 들어야 한다

그래야 이곳에서 편히 잠들 수가 있다

나만의 지휘자

그녀의 도마는
그녀만 연주할 수 있는
악기다
수많은 현弦과 건반을 가지고 있다

어제는 등 푸른 고등어가
도마 위에서 바리톤처럼 튀어 올랐고
오늘은 싱싱한 미나리가 색소폰처럼
서걱서걱 연주될 때

오,

오금을 저리게 하는
그녀의 음악
그녀는 내 입술을 연주하는 지휘자

도마 위에
산해진미山海珍味의
음식音食을 빚어내는
그녀는 위대한 연주자 나만의 지휘자

멍2

나의 가슴 텃밭에는

이제,

아무도 메워주지 않는

깊은 무 구덩이만 여럿 남아있습니다

그녀의 마술
- '바그다드 카페' 영화를 보고

황량한 사막 한가운데
시간이 모래인 카페
게으름을 침범받기 싫어하는 카페
비질도 싫어하는 내가
소파에 누워 시집만 읽다 죽어도 좋을 카페

낡은 선풍기 한 대
찐득한 무더위에 지쳐 돌아가고 있는 컨테이너사무실
미지근한 맥주 거품처럼 영상은 돌아가지만
영화는 한번 취하면 모래 늪처럼
헤어나기 힘들다

바보처럼 착하고 뚱뚱한
매력이라고 전혀 찾아볼 수 없는
마누라 같은 여자

카드는 그녀만 가지고 있다

두툼한 손끝이
갑자기 빛을 달고 움직인다

〈
꽃잎이 활짝 피었다가 순간 새가 되어 날아가고
귀밑에서 달걀을 받아내고

계속,
계속되는 그녀의 마술
무더위에 지치고 무료했던 사람들
그녀의 마술지팡이가 깨운다
삶에 지쳐 게으르고 희망 없던 마음이 환호한다

영화가 끝나고
먼지가 가득한 건설 현장사무실
그녀가
불쑥 나타날 것만 같아
자꾸 문 쪽을 힐끗힐끗 쳐다본다

낡은 구두

필사의 질주로 달려온 끈을 풀고
고린내를 벗어놓고
고단한 마음 편히 쉴 수 있었던 게
얼마 만인가
남의 발등을 밟고
앞지르기에 급급했던 나날들이
속도를 잊고 치달았던 욕망들이
뒷굽에
비스듬히 남아 있는 한 켤레의 구두
밑바닥 창은 닳고 닳아져
수박껍질처럼 말라 틀어진 몸
그래도
타고난 본능은 더 달리고 싶었던 걸까
신발장 안에 아가리 벌린 채
늙고 지친 짐승처럼 으르렁대고 있다

속도에 중독이라도 된 걸까
지치고 늙은 당신
양지바른 아스팔트에 앉아 긁적긁적
오늘도 등허리에 손을 넣고 시동을 걸고 있다
다시 한번 무한궤도 그 푸른 청춘을 달리고 싶은 걸까

나비

내 심장에 나비 한 마리 살고 있다

TV 앞에 앉아
이집트를 순례 중이던
우리나라 관광객에게 저지른
이슬람 극단주의 폭탄테러에 냉소적으로 술을 마시고
어쩔 수 없어 떨기만 하는

갓 우화羽化한 듯
몸 가누지 못하고
길바닥에서 파닥파닥 날아오르려는 나비 떼

두 손 모아
가슴을 눌러도
양손 바르르 바르르 떨게 하는 나비

큰줄흰나비 한 마리가
붉은 꽃잎이 폭발한 주변을 빙빙 돌고 있다

창밖 화단에 핀 작약꽃이
오늘따라 왜 이리 눈을 찌르도록 붉은 것인가

도심 속 트랜스포머

올림픽대로를 쾌속으로 달려
수도 서울을 가로지른다
차창 밖으로 도로 이편과 강 건너편이
높고 깎아지른 건물들이
쭉쭉 뻗어 따라오고 있었다
우뚝우뚝 솟아있는 빌딩들
영화에서 본 트랜스포머 로봇들 같다
언뜻 범블비가 지나간 듯도 하다
사람들은 저 아찔한 곳에서도
안심하고 살아가고 있는 걸까
궁금이 궁금을 불러왔다
도시는 역시 크고 높다란 것들이
보호하는 특별지구 같았지만
끝없이 쌓아 올린 욕망덩어리 같기도 했다
내달리는 차 안에서도 왠지 갑갑했다
우리 동네는 졸졸 기어가는 도랑과
바람에 흔들리는 패랭이와 민들레
키 낮은 것들밖에 없다
그래도 난 괜찮다
나는 자꾸 영화 속 파괴 장면들이 떠올라 골똘하다,

못해 머리가 지끈지끈거려
자동 세차로 말끔하게 변신시킨 자동차로
지구를 80km로
깔아뭉개며 도심 속을 겨우 빠져나왔다

둥구나무

강물을 바라보며
심지心地를
깊이 드리우고 있어서

오랜 세월
묵묵히 서서
느리게 파문 지고 있어서

자신의 깊은 心中이 어딘지
알기 전에는
결코 멈추지 않을 것 같아서

당신을 지켜보는 나도
심장이 파문 지고 있습니다

강둑에 홀로 앉아
강물을 바라보는 척
오늘은 당신을 그저
조용히 외면하고 있을 뿐입니다

줄무늬 옷
- 영화 '인생은 아름다워'를 보고

죽음을
무작정 기다리는 줄무늬 옷들이었다

순박한 시골 청년 귀도*의 입에서는 지칠 줄 모르는 말들이 쏟아졌다
마치 숲속 빛줄기처럼 쏟아내었다
빛은 마이크를 통해 사랑하는 이에게 살아있음을 전하기도 했고
아들에게 재미난 단체게임도 은밀히 알려주었다
공포로 가득한 수수께끼도 쉽게 풀어내었고 죽음도 마법같이 풀어낸 사람이었다

속물로 가득 찬
나에게 없는 뜨거운 가슴을 가진 사내였다
영화가 끝나고
엔딩이 올라가는 동안에도 빛 때문인지
누구 하나 움직이지 않았다

* 영화 주인공

표적

자동사격장 표적은
소총 유효사거리 지점에 서 있다
자신을 맞혀보라고
몸통 어디든 맞아도
벌떡 자동으로 일어나려고 우두커니 서 있다
표적이란 언제나 조용히 서 있어야 하니까

요즈음
세상에 가만히 엎드려
죄를 짓듯 방아쇠를 당긴다
어제의
미친 살인마의 비웃음을 향하여
멀쩡하게 생긴 중년 강간범을 향하여
파리의 테러범을 향하여
붉은 눈이 방아쇠를 당기고 당긴다
자신의 표적을 향해 난사되는 총알들
분노의 불소리를 반항적 불빛으로 받아내는 표적들
가슴이 퍽, 퍽,
뚫릴 때마다 불꽃 튀는 저 아수라장
한쪽 눈으로도 환하게 보인다

이 난장에 누구든 표적이 될 수 있다

누구의 표적인가
암울함 속에서
분노에 휘청거리다 넘어지는 우리는
어떻게든 일어나려고 발버둥 치는 나는

국화 옆에서
- 4월, 남은 자의 슬픔

喪家에 앉아
멍하니
제 살을 갈라 핀 꽃을 바라보는 것이
罪, 죄라는 이 느낌

당신을 사랑한 것도 죄라면
罪,
영정 앞
기린처럼 홀로 서 있는 국화꽃을 보며
후루룩
붉은 국수를 단박에 먹는 것도
뒤집힌 헐렁한 구두 짝들을 바라보는 것도

분주히
바닥을 스치며 걷는
걸음걸이를 듣는 것도
상주의 울음도
자판 커피를 마시며 쑥떡 대는 문상객들도

죄가 되지 않는 것이 무엇인가

살아있는 동안 모두가 죄
죄다 罪,
라는 느낌

그 자리에
우두커니 서 있는 국화꽃, 罪人이다

조강포 祖江浦

건너편 물길에서 진흙 묻은 얼굴들 언뜻언뜻 보인다

뱃길을 타고
오르내리던 상인들의 비린 낯빛일까
포구에서 그물을 던지던 조강 사람들의 이마였을까

한강,
임진강을 달려온 강물은 예성강을 품고
더 거세게 흐른다
물속에 알 수 없는 짐승이 숨어 사는지
진흙탕은 온몸이 솟구치다
암초에 머리를 부딪치고 저 아래 산허리를 거칠게 휘감고 흐른다
물새 떼가 날아오르면
강물은 곧바로 서해와 한 몸이다

포구로 드나들던 보부상들이
잠시 앉아 쉬었을 오르막 산길이 보인다
물건을 싣고 뱃길 따라
상류로 하류로 간 사내들을 걱정하며

한두 달은 남몰래 기다렸을 아낙들의 나루터

양조장도
주막집도 이제는 보이지 않는다
살림을 꾸려왔던 백 채 가까이 되었을 초가집들도
글 읽는 소리도 더 이상 들리지 않는다
간간히 이름 모를 새들이 앉았다 울다 가곤 하는 조강 들녘
새우, 농어를 잡던 마을 사람들의 삶의 터전
상인의 안식처
피난의 안식처

시끌벅적한
포구의 비린내가 그리운지
오르내리던 뱃사람들의 발자국을 기억하는지
분단의 철책 안에서
오늘도 구슬프게 울고 있는 조상의 강, 할아비 강 조강祖江

낮달

흰 수건 두른

허리 굽은 외할머니가

낡은 소반 위에

삶은 국수 담아 내온 허연 사기그릇

툇마루에 앉아

그저

바라보기만 해도 훈훈하고

왠지

쓸쓸한

단풍잎

어릴 적 즐겨보던 TV 만화

그 변화무쌍한

황금박쥐 한 마리가

비탄에 빠진 사람들을 도우려는지

단풍나무 실가지 끝에

가지런히 발끝을 모으고

뒤꿈치는 들고

날개 활짝 펴고

순간 바람을 타고

시린 가슴을 향해 날아갈 듯

파르르르

출발 직전에 바짝 서 있다

3부

세한도

이사 가는 날에

누수가 잦던 단독주택에서
결국 이사하는 날
가붓한 것부터 밖으로 내어놓고
마지막에 바윗돌 같던
화개장롱을 여러 장정과 밖으로 끌어냈다
드러난 자리가 습하고 눅눅했다
동굴 입구 같았다
바닥은 빛에서 막 깨어난 석기시대의 움막자리였다
사용했던 여러 도구가 흩어져 있었다
습한 벽은
물고기나 사슴 형상 같은
암각화 문양으로 얼룩져있었다
바윗덩이에 눌린
웅덩이 자국이 군데군데 남아있었다
숨을 고르듯
거미가 더듬더듬 기어갔다
퇴색된 종이 몇 장을 주워
먼지를 털어내자
문자들이 삐뚤빼뚤 흘러나왔다
고고학자의 깊은 눈으로 내려다보았다

축! 어버이날,
어버이 은혜에 감사합니다. ❀❀
-딸, 아들-

학원에 가기 싫은데. ㅠㅠ
갔다 늦으면 전화할게요. 흑-
사랑해요! ♡
-예쁜 딸-

아들!
집에 오면 저녁 챙겨 먹고
꼭! 씻고 놀아라. 알았지-. ^*^

씨족사회의 움막생활을
한눈에 가늠할 수 있는
귀중한 자료가 동굴 입구에서 발견되었다

세한도

할머니는 그림 위에 앉아 오줌을 누셨다

돌아누울 때마다
벽에서는 흙이 쏟아져 내렸다
날카로운 북풍에 문풍지는 파르르 떨고
두터운 솜이불을 끌어다 덮어도 저며 대는 어깨는 시렸다
쪽창으로 드는
달빛에 비친 어린 동생 입술은 늘 파랬다

쥐들은 천둥소리를 내며 천정을 뛰어다녔지만
밤이 깊을수록
불안하게 술렁이던 바람은 내 귀에서 점점 멀어져 갔다

마른 먹물로
거칠게 그린 푸르른 잎사귀
파란 꽃숭어리
그 위에 앉아 볼일 보시는 할머니 엉덩이
달항아리 요강은 어쩐지 차갑고 쓸쓸해 보였다

이불 속에서

할머니의 습관을 게슴츠레 바라볼 때면
내 살갗 위로도 얼음 부딪는 물처럼 소름이 흘러내렸다

머리숱 희끗하신 아버지
새벽 아침
슬그머니 대문 밖을 나섰지만 살림은 나아지지 않았다

끝도 없는 겨울이었다

고사목

흰 뼈가 눈보라 앞에서
직립이다
잎사귀를 버리고
생명마저 뿌리치고
유물처럼 비탈에서 마주친다

입에서 발라낸 뼈는
단호한 결심 같아서 살이 없고
살아계실 때보다 더 서럽게 우는
눈보라와 칼바람이 설경이다

마디마디 남기지 못한 말이라도
살이 붙고 뼈가 되어 기다리면 좋겠다
당신의 얼음 요새가
세찬 눈보라로 서러움들이 일어났으면
흰 광목 안에서
뼈로 만든 피리를 불며 매일 기다려도 좋겠다

누가 먼 훗날
따뜻한 봄꽃 언덕에서 노래를 부르고

자기를 내어 흰빛이
그 흰 뼈가
휘어진 바닥이 끌어안을 때까지 불러야 한다
나를 일으켜 세운
흰 뼈가 눈물 앞에서 직립이다

밤안개

제기에 담긴 밥을 먹었다

큰 수술 하고
입을 대지 않던 술, 음복 핑계 삼아 한두 잔 했다
동생은 손사래 쳤지만
기독교인 동생 안 마시니
아버지가 섭섭해하신다 에둘러 말하고

지방을 태우러 혼자 마당에 나오니
저편에서
누군가 나를 기다리고 있을 것 같은 깊은 밤이었다

언젠가 여기에서 나는
무심코 들고양이에게 돌을 던진 적이 있었다
어디선가 고양이가 몰래 지켜보고 있을 것이다

지방을 태운 재가 나비처럼 허공을 날아다녔다
몸에서는 아직도 향내가 났다
지방을 다 태우고 나니
취기가 있었던 내 의식이 환해졌다

사방을 둘러보니 흰나비가 가득했다
술에 취한 아버지가 어린 내 볼에 구린내를 비비듯
손등을
콧등을 차갑게 비비며 달려들었다

밤안개가 짙게 밀려오고 있었다

누에잠

어둡고 음습한 잠潛
잠이 꿈틀한다
꿈틀도 한 호흡
한 걸음

고개를 든 채 잠든
사뭇 경건한 잠潛

모래 소리 가득한
사막의 서러운 이빨
꿈은 아직도 사막을 기고 있는가

너희 종種은 오늘
나의 별
나의 눈물

바람이
잠을 건들면
일제히 머리를 수그리는
저 잠무潛舞를 뭐라 읽어야 하나

〈
서서 자는 것만으로도
충분히 서러운데

스스로 가둘 집을 짓는 울음들아
어둠에 묶인 슬픔들아

온몸으로 토해내는 시는 또 무엇인가

못의 기억

단박에
눈을 찌를 듯 날카롭게 번뜩인다

가까이 있는 사람의 가슴속에도 박혀들 듯

어릴 적
할아버지 모자를 걸기 위해
흙벽 코스모스꽃 무늬 위에 못을 박던 일
벽지가 떠 배곯은 소리를 내던
헛헛한 못 박는 소리

생나무 토막 놓고
작위로 팽이를 내리깎던 작은아버지 팔뚝의
푸르스름하게 휘어진 힘줄 못
몸속을 빙빙 돌다 스스로 목이나 코를 찌르면
핏줄이 터져
종일 우물가가 비릿했던

이른 아침
뒷산 연못에 올라가면

거미줄 위에 유난히 반짝이는 은못들
바람이라도 순간 불면
맑고 투명한 연못 위에 또 다른 거미집을 만들고
한가운데 웅크린 내가 보이곤 했다

깊은 산속에서
짐승 울음소리가 들려오면
오소소 녹슨 못들이 온몸에서 솟아 나왔다
그것은 우는 동생 입을
양말로 틀어막고 낄낄거렸던 공포 같은 것이었다

돌멩이의 뿌리

우리 집 대문 앞 도로에
주먹만 한 검푸른 돌멩이가
채찍 휘두르듯이 내리는 빗줄기에
시커멓게 또 멍이 들어간다
무언無言의 반항이라도 하는지
쏟아지는 물줄기에도 전혀 움직임이 없다
마루에 걸터앉아
웅크린 그 모습 한참을 내려다보고 있으니
돌덩이에서도
눈빛 같은 것이 있는지
거역할 수 없는 어떤 빛이 번쩍거리고 있다
그 순간
왜 어릴 적 보았던 TV 드라마 '뿌리'가 생각나는 것인지
검은 피부의 노예 쿤타킨테
대학 시절은 왜 또 떠오르는지
하찮은 돌멩이가 품었을 설움 같은 것
나의 설움이었던가
구둣발에 이리 차이고 저리 차였을
친구의 아픔이었던가
최루탄처럼 안개가 슬며시 깔리며

비가 내리는 날
가만히 생각나게 하는 1980년대,
아스팔트 도로에 가득했던 돌멩이들
그 도로변에
가게를 내셨던 어머니의 주름이 깊었던 시대

흡혈귀

피가 돌아가고 있는
검붉은 호스를 바라보며
배달된 도시락으로 점심을 먹는다

식사 시간에도
기계의 비상벨을 듣기 위해 귀는 열어놓고

피를 갈아 넣는 고통의 시간에
우리는 피 대신 밥을 먹는다

내일은 샌드위치를 시켜 먹어야겠어요
반찬 투정이다
반찬이 매일 똑같아요
식당을 바꿔요
건강식당이 이제 건강하지 않아요
길 건너 보양식당이 어제 새로 생겼다는데
내일은 거기다 시켜요
우린 건강해져야 하잖아요

나는 식탁 밑으로

애인에게 즐거운 맛 점,
이라고 능청스럽게 휴대폰으로 톡을 보낸다

혈액 투석실에서
우리는 찌개와 국물을
입에 떠 넣으며
슬픔의 피를 빠는 흡혈귀가 되어간다

흉터

불혹의 나이
뱃가죽 위에 흉터가 여섯 개나 낭자하다

죽음을 부르던 종양 덩어리
오래도록 신경 줄에 숨어 새소리를 내다가
나 살자고 결국 끄집어내 밖으로 쫓아내고야 말았다

꾸르륵
꾸르륵, 어디로 날아갔을까
몸 밖은 이미 어둑어둑한데
죽어가는 것들이 눈앞에 꼼짝없이 누워있는데

다시는 돌아오지 못하도록
단단히 동여맨 자리

마음 한자리에
말뚝 박아 묶어놓지 못한 또 하나의 마음이
그녀를 향해있었다니

먹장구름 속에서 짐승 우는 소리가 들려온다

뽑아낸 몸의 일부가 저리 울부짖고 있는 것인가
왜 이리 몸이 따라 우는가

어루만지면 만질수록
쫓아낸 자리, 떠나간 자리 아득히 아프다

상실의 시대

집집마다 어스름이
미역 줄기처럼 풀어져 가는 저녁
어물거리는 짐승이 전봇대 밑을 파헤치고 있었다
유기견도 아니고
들고양이도, 고라니도 아니었다
전주電柱를 다시 세우려는 일은 더욱 아니었다

때 절은 마스크를 쓴 등이 낮게 굽은 그믐이었다

굽은 허리도 삼킨 그믐달이었다
이곳을 수없이 지나다녔지만
낮게 떠서 보이지 않았는지 너무 느려 보이지 않았는지
날마다 무심히 지나가는 사람들
지구가 공전하듯
그는 전주라는 궤도 안에서 맴돌고 있었다
팽팽히 당기는 노동의 고압선이 있었다

달은 움직일 때마다
쓰레기봉투를 통해 전류電流를 흘려보냈다
〈

먼 우주를 달려온
저 지친 늙은이의 그믐을 보는 순간
변압기 아래서 나는 멍하니 감전되었다
감전이란
달빛이 내 몸속으로 번개처럼 파고드는 것
찌그러진 깡통과 유리 파편이 날카롭게 쏟아졌다

나는 그믐을 싫어했다
어릴 적
개기일식, 그 신비하고
기이한 현상들을 다시 겪는다는 것은
왠지 두렵고 슬픈 일이기도 했으니까
하지만 분명한 건
그는 우리 은하계에 함께 사는 나의 종족이었다는 것이다

당연한 것이 당연한 것이 아닐 때

구죽죽 비 내리는 날
옆집 할머니의 밤은 노숙 같아서
유리창은 캄캄하고 축축하다

비에 젖는 저녁
뒤꼍 비닐하우스는 부추꽃으로 운다

축축해진 발목은
무거워진 골목을 거느리고
빗소리는 웅얼거리는 혼잣말이라서 설웁다

비바람이 강하게 이마에 부딪혀오는데
지난 일들이 추억이 될 수 없었지

고양이 울음이
비에 젖어 흐르던 날
여든 넘기신 인숙이 할머니 흙으로 가셨다

어머니가 수시로 여닫던
창의 표정이 갑자기 사라졌다

창문에서
세상의 모든 것이 익사했다고
흰 머리카락 뒷모습만 창문처럼 훔쳐보신다

거울 속에서
거울만 바라보는 당신
난데없이 쏟아지는 빗방울들이
당연한 풍경이 아닐 때 검푸른 창 하나가 또 굳게 닫혀버리리

수족관 속에서

저녁밥에 생선을 먹다
시(詩)의 가시가 목에 턱 걸렸다
식사를 마치고 컵에 물을 따라 마시고
오래된 시집을 펼쳤다
한동안 식었던 마음 쉬 데워지지 않는다
금붕어 눈으로 들이대도
좀처럼 행간 보이지 않고
얼마 전 떠나온 빈 옛집만 아른 아른거린다
한여름 낮잠하다
환삼덩굴에 긁힌 듯 살이 아프다
아파트로 이사 온 후 겨울이 되었다
창밖은 어둠을 차곡차곡 쌓듯이 눈이 내리고
건너편 콘크리트 벽에는
수족관 크기의 작은 창문들뿐이다
밤마다 물고기가 유영하듯
그림자만 너울대는 곳
이곳에 갇혀 제대로 숨을 쉴 수가 없다
매일같이 저녁 늦게 돌아와
말없이 아이들과 밥을 먹는다
어쩌다 서로 눈이라도 마주치면

놀란 물고기들처럼
제 비린내의 향수鄕愁를 숨기며
떡밥을 꾸역꾸역 삼킨다

어깨가 불안하다

어깨 통증이
너무도 심해 가까운 병원을 찾아갔다
늘 아픈 아내와 오랫동안 병원을 들락거려
역한 소독내와 큼큼한 피 냄새도 익숙하다
코로나는 정문에서 나를 통제했다
삼십육도 정상입니다
아파서 왔는데 정상이란다
곧,
죽을 것 같은데 정상이란다
아내와 다투던 마음은 잴 수가 없나 보다
나의 기분은 지금 고열 중
의자에 가만히 앉아 열을 가라앉히려 하니
응급실 쪽에서 비명이 터져 나왔다
순간 아픈 우측 팔이 바닥에 툭 떨어졌다
아, 어쩌나 씨팔
분리된 몸뚱이 하나 바닥에서 뛰는데
기다려도, 기다려도 이름 부르지 않는다
이름만 불러줘도
통증은 싹 달아날 것 같은데
〈

그사이 휠체어 탄 마른 낙엽이 굴러갔고
오른쪽 발목 깁스한
중년 여자 절룩거리며 늙은 남자에 기대어 지나갔다

끝내 이름 부르지 않는다
습관 된 적개심이 온몸을 달굴 때
독신주의같이 콧날이 오뚝한 간호사 다가와
선생 지금 수술 중이란다
응급실 비명이 욕으로 튀어나왔다
사람들은 잠시 멈칫했지만
아무 일 없었다는 듯, 하던 일들 계속했다
천사들은 한쪽에서 깔깔대며 음식을 먹고 있었다
고통과 죽음 사이를 서성거리는
응급실을 바라보며 사람들은 의식하지 않으려고 했다
하나같이 공중에 떠 있는 표정들
간호사가 무심코 던져 버린 전표가
휴지통에 아슬아슬하게 매달려 있다
사람들이 급하게 지날 때마다 오한처럼 떤다

이곳에 가려진 커튼 속 영혼들이 어쩐지 불안하다

나를 받쳐준 어깨 곁에 끼워도
여전히 불안하다 오늘 내 통증이 너무나도 불안하다

섣달그믐

숫돌 하늘에
달이 몸을 간다
무디어진 바람이 날을 간다

시퍼렇게 얼어붙은
새벽 호수도 칼 가는 소리

짐짓,
방심하면 베인다

몸속은
아직도 뜨거운 피가 흐르는데
갈 길이 멀거나 가깝다

눈썹에서
죄 없는 고통의 진물이 배어 나온다
쇠 맛이다
이 비린 맛을 본 바람은 또 어디로 달려가나

섣달그믐날
흔적 없이 세월의 칼날에 베이고 베인다

점점

설거지하는
아내의 왼쪽 팔뚝
가늘고 검붉은 혈관 위를 따라
촘촘히 작은 점들이 보입니다
자세히 들여다보면 점은 아닙니다
주삿바늘 자국입니다
투석하는 동안
바늘을 꽂아두었다 뺀 상처가
아물어가며 생긴 검은 자국들입니다
그녀의 팔을 바라볼 때마다
내 눈은
바늘로 찌르듯이 아파옵니다
안쓰러워 자세히 한번 보자고 하면
창피하다고 혈관이 도망가듯
팔을 등 뒤로 숨깁니다
숨기는 것을
슬쩍슬쩍 훔쳐보면 이제
바늘을 꽂을 자리도 없어 보입니다
점점 늘어나는 자국에
마음도 멍들어갑니다

자꾸 저리다는 팔을 살짝 주물러줘도
금방 손자국이
생겨나는 아내의 팔은
이제 팔이 아닌 것 같습니다
그냥 멍 덩어리입니다
잠잘 때마다
아내의 멍이 바위보다 무겁게 내 심장을 짓누릅니다

엄마 곁으로

거동이 불편한 몸으로 투석하는 남편을 위해 매일같이 할머니는 병원을 모시고 다니신다 당신을 위한 마지막 헌신이라는 할머니, 날마다 투석을 안 하겠다고 푸념하시는 할아버지 살살 달래어 겨우겨우 모시고 다니신다 꾸역꾸역 그렇게 다니신다

어느 날
이불 속에서 내내 나오시질 않으신다
할머니가 다그쳐도
출근했던 아들까지 나서서 끌어내려 해도
설득해도 완강하시다
엄마와 아들이
늙은 아버지를 두고 실랑이로 고민이다

이불 속에서 늙은 아버지 소리 내어 우신다

하늘 같은 남편이,
지엄하신 아버지가 흐느끼는 거다
당신의 울음소리 차츰 커지더니
이불 속에서 벌떡 일어나시며
어린아이처럼 더 크게 우신다

창피한 줄도 모르고 우시는 아버지
통곡하시는 우리 아버지

여든아홉이신 아버지가
당신 엄마 곁으로 보내달라고
늙은 아내와 자식을 앞에 두고 엉엉 부탁하고 있다

동동 冬冬

겨울바람의

사나운 칼날은

귀를

댕강 자르고

코를

댕강 자르고

손과 발을

댕강댕강 잘라냅니다

거리에는

목 없는 어깨들만 동동 떠다닙니다

수종사_{水鍾寺}에서

어릴 적
사촌 경석이 형과
우리 형이 저수지에 빠져 죽었다

숙부는 그날부터
마음속에
절 한 채 세우고 먼 선산만 우두커니 바라보고 계셨다

나는,
절간같이 고요한
호수 위에 물수제비만 뜨고…

술 취한 아버지
뒷산에서 자꾸 종소리 들려온다고
너희는 안 들리냐!
고, 고래고래 소리만 치고…

水鍾寺
처마 아래 물웅덩이
파닥파닥 부나방, 어렴풋이 물종을 치고 있다

함박눈이 내린다

소리 없는 투신은
바닥에서 거울처럼 빛나네
어느 곳이든 깊숙이
겨울꽃으로 매달리는 일이
누군가의 손등처럼
이곳 도시의 불빛을 받아줄 것이네
저 무의미한 눈빛들이
차디찬 거리의 불꽃으로 피어난다면
오래 슬픈 눈동자들
모두 녹여버려도 좋을 일이네
쉴 새 없이 쏟아지는 눈이
발자국 앞에서 주저앉고
내 마음이라도
되는 것처럼 모르는 사람들이 선명해질 때
나는 창문 밖으로 나와
지난겨울 다짐을 밟아보거나 뭉쳐보는데
밤새 네온사인 아래 쌓인 눈이
얼굴에 남은 골목이 한결 밝아지네
끊임없이 흰 날갯짓을 기억하는 사람
그날 밤에도

함박눈이 웅크리고 엎드려 울음을 숨길 때
흰 꽃을 흔들고 투항이라도 하듯
눈물처럼 바닥이 빛나네

모래무덤

새로 바른
고운 모래무늬 실크벽지
벽의 모래가 불빛에 반짝거린다
사막과는 아무런 관계가 없지만
사막 같다
며칠 전부터
고비에서 날아온 모래가
방 안에 부옇게 날아다닌다
내 방은 미라의 무덤
그 모래무덤에 갇혀 산다
왕의 주검을 따라 무덤에 갇힌 신하처럼
죽지 않고 아직 살아서
머릿속은
공포의 거친 모래로 가득 차 있다
이 모래폭풍 속에서
어떤 인성人城을 새로 쌓아 올려야 하는지
막막하다 그저
모래먼지가 떠다니는 것만 보고 있다
홀로 앓고 있는 내 영혼이
저리 흩날리지 않고

이제는 가라앉았으면 하고
벽을 보며 다짐도 해보는 것이다

그림자 또는 고독

햇빛이 내 몸을 따뜻하게 비춰도
항상 그 반대쪽에서
가만히 나를 응시하고 있는 그림자
날씨가 흐려지고 먹구름이 몰려오면
가슴속에 몰래, 숨어들어와
꼿꼿이 가부좌 틀고 앉아있는지
온종일 몸은 견딜 수 없이 아프다
아무도 없는 집으로 돌아와
현관문을 열고
형광등 스위치를 탁 올려 켜면
또다시 텅 빈 발밑에는
캄캄한 맨홀 속으로
몸뚱이가 순간 푹 꺼져 내려앉은 듯이 나타나는
우울하고 쓸쓸한 검은 차도르 같은,
나는 가끔
내 그림자를 나의 고독이라 생각한다
힘없이 소파에 털썩 주저앉아
여기까지 따라온
또 다른 나를 멍하니 쳐다본다
얼굴을 가린 듯

웅크려있는 차도르는 여전히 어둡고 슬프다
늘 이렇게
갑자기 나타났다 슬며시 사라지는 것인가
어쩌다 등불을 끄고
촛불을 켜놓으면
고독은 심하게 흔들리기도 한다
내 삶은 언제나
흔들리는 그림자처럼 이리 어리둥절한가

불을 끄니

전등 스위치를
탁!
내려 끄고 나니
온몸이 어둠에 휩싸여 캄캄해져 버렸다
잠자리에 가만히 누워
내 몸이 검정 물감이 된다면
무엇을 어떻게 해 볼 수 있을까
스스로 궁금해졌다
곰곰이 생각의 물감을 풀어내어
나는 먼저 지끈거리는 허리를 위해
방고래를 따뜻하게 할 연탄을 쌓아두고
밤 너머 또 다른 밤을 그려놓으면
출근도 하지 않고
오래도록 누워 잠을 자도 되지 않을까
끝없는 잠의 터널 속에 빠지지 않을까
생각하다
시꺼멓게 탄 어머니 속을 그려놓고
용서를 빌어야 하지 않을까,
하고 엉뚱한 상상하다
요즘 사람들 마땅찮은데

맑은 하늘에 날벼락 내리치듯
빌딩 사이를 새까만 안개로 휘몰아
공포라도 내려줄까
고민 고민하다 생각을 고쳐먹고
이리저리 흘러 다니던
캄캄한 궁리들을
결국 발밑의
그림자로 놔둬야겠다는 결심하고
고단했던 하루를 접고
그림자를 끌어다 덮고
자유롭고 평화로운 잠을 청해본다

들꽃

연탄을 맨손으로 날라본 적이 있다
성난 검은 고양이를 안듯이
조심 조심스럽게 다뤄도
온몸에 발톱 자국 긁히듯 번지는 깜장을

지독히도 어려운 살림에
어린 나이에도 주먹을 불끈 쥐며
열심히 살아야겠다고 다짐을 했다
육성회비를 못 내
대문 앞 까만 전봇대 알전구 그렁대듯
설움 박힌 웃음 날린 적도 있다
어쩌지 못했던 유년을
춥고 어두운 벽에 기댄 연탄처럼 살았다

가난이 가난을 대물림하여
축대처럼 단단해져 갔던 사람들
그래도 우리에겐
들풀이 바람으로 흐르는
금강변과 버선발로 조신하게 강을 걷는
예의 바른 조개들이 있었다

〈
강물을 마주 보고
순풍에 허리를 굽혔다 일으키는 들꽃 같은 사람들
개발 앞에 짓눌려
오늘도 온기만 남은
골목길 연탄재 앞에 쭈그리고 앉아
쓴 담배꽁초 돌려 피우며 아무 말이 없다
집들은
달을 향해 탑처럼 높아만 가는데

바람 부는 날에

어스름 퇴근길이었습니다
골목길을
축 늘어져 걷는데
누군가 저를 불렀습니다
뒤돌아보았지만 아무도 없었습니다
바람에 과자봉지만
담벼락을 치며 뒹굴고 있었습니다
잘못 들었을까 다시 걸었습니다
서너 발자국 걷는데 또 불렀던가
뒤를 돌아보았지만
어두운 골목에는 아무도 없었습니다
대문 앞에 당도했을 때
며칠 밤을 새워선지 마음이
나풀거린다는 걸 느꼈습니다
멍하니 서 있는
어깨가 흔들렸습니다
또 다른 내가
어디선가 한없이 부르고 있는데
여태 모르고 살아왔다고
문득 생각했습니다

곁을 지나는
순한 바람도 잊고서
여지껏 살아왔는가 싶었습니다
도시의 세찬 바람을
불도저처럼 밀며 앞으로만
그저 앞으로만 달려가는가 싶어
우두커니 서서 곰곰이 생각하니
코끝이 서늘해졌습니다

나를 부르는 바람 소리
내가 울고 있는 소리
자꾸 뒤에서 들려왔습니다

4부

자발적 동사凍死

계절의 표정

마을 어귀 둥구나무를 나는 우주라 불렀다

알 수가 없었다 흘러가는
시간을
종일 물속을 들여다보면 알 수도 있을까 했다

어디서부터 오는지
어떤 걸음걸이로 오는 신사인지
숙녀인지
지팡이를 들고 절룩거리는지

이 時點,

四季, 視界의 흐름을 읽을 방법이 없다
우주를 보지 않고
소통과 염통의 떨림은 알았을까

시각적으로

청각적으로

〈
공감각적으로

모두 당신으로부터

우주여!

봄 : 폭발적이다

여름 : 종교적이다

가을 : 붉은 울음소리

겨울 : 칼과 나와 그리고 당신의 싸움터

자발적 동사 凍死

누더기가 늘어진 채
얼룩진 벽에 기대어 웅얼거린다
입김이 코끝에 닿기도 전에 흩어지는 취한 말
뒤에서 말을 삼키고 사라지는 그림자들
온몸에 귀신이 붙어살고 있는 것 같다
그녀는 십 년째 투병 중이다
비천하고 재수 없는 몸뚱이 흉터만 가득하다
몇 번이고 면도날로 그었던 손목
오랫동안 독기 하나로 치유하려 했다
차가운 소주를
한 컵 한 컵 따라 마시며 어두운 천정만 자꾸 올려다본다
잔을 내려놓을 때마다 따뜻해지는 몸
이 냉골에서 더 떨어질 곳은 없다
어릴 적 그놈에게 잡초처럼 짓밟힌 것도 괜찮다
이제는 절필했으니까
이런 삶도 시라면 시가 될까
독해가 불가능한 난해시
오늘은 저 홀로 고요하다
소주병을 들고 뒷산에 오른다
등을 기댈 수 있는 나무 한 그루와 푹신한 눈밭

평온한 시를 써 내려갈 수도 있겠다
백지에 누워 꿈을 꾸게 되면
눈발들과 먼 나라로 날아갈 수도 있겠지
냉기에 냉기를 더한 지리멸렬한 삶이여 이제는 안녕

얼었던 몸이
봄이 되니 서서히 녹아내린다

반가사유

1. 창밖을 내다보니
   벚나무가 붉고 노란 옷으로 갈아입고 있다
   이미 땅바닥에 떨어진 낙엽들은
   샛바람에
   마르고 가벼워진 몸 노숙자처럼 뒤척거리고
   내 눈가로
   거적 같은 시간이 흘러간다
   窓 벽에 얼룩진 두 줄기 녹물도 조금 더 흘러내렸다
   薦蓆堂에 혼자 앉아
   벌레가 먹다 만 니체를 갉고 있다

2. 계급과 생활에 지고
   이 슬픔 달랠 길 없어 소주 세 병을 독작하고 나니
   온몸이 얼얼하다
   물 위에 죽은 내 머리통이 둥둥 뜬 것 같다
   어두운 귓속으로
   소용돌이치며 자꾸 빠지는 울음들
   어제 차에 터져 죽은
   그 고양이 앞에서 왜 나는
   놋쇠 냄새가 났던 그녀의 머릿결이 떠올랐는지

언제부턴가
내 몸에 슬며시 들어와 앉아있는 중년 그, 사랑
사랑하다 죽어버렸으면……,
흉통이 밖으로 터져 나올 것 같다
얼마나 더 캄캄하고 긴 터널을 빠져나가야만 하는지

3. 화단 옆

오래도록 버려둔 작두펌프 저 검붉은 녹은

바람과,

빗물과,

햇빛, 그리고 침묵의 표정이다

저녁에 물드는 나무

올여름 태풍에 결국
초록의 어깨는 부딪치고 깨지고 흩어졌다

사표를 내던진 그는
사우 공원에서 붉게 멍들고 노랗게 캄캄하고
한동안 욕심을 내던 기다란 팔이 비바람에 힘없이 부러졌다
다친 발등은 여전히 아프고 울음은 쌓인다
이곳에서 울음을 모으는 건
저녁에 물들어 떨어지는 낙엽들뿐
울음 위에 울음을 덮는 쓸쓸한 사우
벤치 위에 벌러덩 누워 태양의 알약을 받아 삼킨다

나무들은 묵묵히
기우는 태양 아래 더욱 붉어지고
가슴뼈를 서서히 드러낸다
틈을 올려다본 붉은 구름도 갈라지고 갈라진다

발밑의 벌레들도
조금은 따뜻해졌을까 풍요로워졌을까
〈

조금씩 내려놓으니
몸도 앙상해져 간다 자신을 들여다보는 계절이 된다
삶이 곁가지를 부러트리는 것은
허공을 채우는 또 다른 방식인가 스스로도 튼실하고 아프다
주먹을 쥐었던 손을 펴니
한줄기 빛살이 따뜻하게 베고 간다

바람을 건너온 구두 소리가 한곳으로 모여든다

한 번도 느껴보지 못한
우주의 깊은 감정이 나이테 속으로 빠져드는 저녁이다

따귀

1. 한동안
    따귀의 세계를 떠돌아다녔다

    디오니소스적으로

    얼굴짝은 영원히 아프지 않았다
    반항이 시인을 만들었다

2. 수많은 별들이
    폭발하는 장면이 보였다
    세찬 모래 먼지가
    눈동자 속을 따갑게 스쳤을 때

    아찔한 빛들은
    뇌와 충돌하고
    견딜 수 없는 천둥은 눈동자를 내리쳤다
    우주의 탄생이 이랬을 것인가

    세상의 한 티끌이
    유성으로 내 천체의 눈동자와 충돌한 것이다

〈
눈꺼풀을 급히 여닫아도
충돌만 심해질 뿐 내 세상은 볼 수가 없다

먼지도 빛이 스며든
한 우주였다니
조만간 어디든 자리 잡을 것이다

3. 육체가
　　견디지 못할 통증을 느낄 때
　　어릴 적 그때 맞은 따귀가 생각나는 것이다

4. 시는 비교적 짧고 상처는 너무 길었다

장미를 논하지 말라

저 얼굴

말라 틀어진 눈, 코, 입

일가족의 숭고한 죽음을 보라!

한 발로 서서 침묵으로 말라가는

미이라 두상들

화려하고 아름다웠던 웃음을 뒤로한 채

다비승처럼 인고忍苦의 세월을 견디고 있다

한 뿌리를 두고 하나같이

살아온 그들

다비식을 치르고 있다
〈

바람에게 제 몸 다 털어주고

푸르게 해탈하고

머리만으로 가족사를 쓰고 있는지

혈액투석

그녀는 몸속을 돌고 도는
검붉은 피를 쳐다보는 일 말고 달리 할 것이 없다

알 수 없는 줄기를 찾으려고
기약 없이 몸을 뒤척이는 生이라니

자신도 모르게
누군가의 유적을 더듬거리는 여행자처럼
그녀는 지난 계절 내내 캄캄한 벽을 밀고 나가는 중이다

길 끝이 어디냐고 바람이 물었을 때
웅크린 가슴을 끌어안았던 몸이 기억하고는 있을까

아득해지기까지의 몸짓은
그녀에게 가장 소중한 검붉은 피의 통로인가 보다

깨진 유리창

거미의 독이 삽시간에 온몸으로 퍼졌다
일순,
충격에 깨진 벽
깨진 것의 중심에 거미가 있고
모든 상처에는 독기를 머금은 거미가 생겨나는가
유리창에 거미가 쩍 들러붙어 있다

카페에 앉아
뭔가를 외치던 도로에서
날아온 돌멩이
그 작은 것에 멍하니 맞은 유리창
거미가 다리를 쭉쭉 뻗어간 모습을 본다

마음이 자꾸
성난 군중으로부터* 거미줄을 친다

* 토머스 하디 소설 제목

커서

1.
뚝뚝 흘러내리고 있다
지붕에서 녹은 눈이 처마의 한곳에서
바닥으로 떨어진 물방울들은 고랑을 타고 어느 곳으로 흘러가는지 보이지 않는다
발자국 하나 없는 마당은 아직도 쌓인 눈으로 눈이 부셨다

2.
벽돌이 한 장 한 장 쌓여 지고 있다
아버지가 막노동 현장에서 쌓아 올리신 것처럼 쌓고 있다 쉼없이 올려놓는 벽돌
당신이 칠십 평생 하셨던 것처럼
벽돌 위에 벽돌이 그 벽돌 위에 또 벽돌을 쌓고 있다 헛것처럼

3.
외할머니댁 가는 길
까까머리 어린 나는 오늘도 어김없이 개울물 앞에 한나절이나 서 있다
또래 아이들은 잘도 건너가고 오는데 징검다리를 건너뛰기가 망설여지는 것이다

징검돌 그 넓은 사이 반짝 반짝거리는 빛 속으로 순간 사라져 버릴까 봐
매번 징검돌 앞에만 서면 머릿속이 백지상태가 되는 것이다

4.
모니터 속 한글 백지는 날마다 글을 쓰며 걷기에는 너무도 넓다
속은 또 얼마나 깊을까
한복판을 머리통으로 푹 쑤셔 넣고 보니
할머니가 툇마루에 앉아 맷돌에 콩알을 넣으며 돌리고 계셨다
소복을 입으신 모습에 생겨나는 밝은 무리에서
마당에 놀라 서 있는 나를 향해 할머니가 지그시 웃으셨다
라고 썼다가
앉은 모습 스스로 빛 부셔 눈이 따가워 눈물이 났다, 라고 고쳐 썼다

모래가 온다

짧은 호흡이 누울 때처럼
관 속에 가만히 누운 것처럼

어스름이 검은 모래처럼 밀려든다

발가락 사이로 쏟아져 들어온다
차가운 흙탕물이 목구멍 속으로 밀고 들어오듯

숨 들이마실 때마다
콧구멍을 막아버리고
발가락 꼼지락댈 때마다 한 움큼씩 모래가 발목을 잘라 먹는다

초침砂針은 죽음을 끌고 가는 발걸음

자신을 스스로
아무런 변명도 할 수 없고
당신을 위해 아무것도 기억해 줄 수 없다

남은 자들이 할 수 있는 건 슬픔으로 잠시 그리워해 줄 뿐
〈

마지막 고통도 슬픔도 모두 잊을 수 있을까

귓구멍 속에서 모래가 운다

정말 잊을 수 있을까

용서받고 싶은 눈물이 모래처럼 쏟아지는데
모래가 소나기처럼 눈꺼풀을 덮는데

누가 나를 끄집어내 주길 기다리는데
아무도 용서하지 않는다

관 뚜껑을 끌어다 덮듯 거친 모래의 시간만 쏟아져 내린다

사막의 나룻배

얼음 속에 잠긴 배, 막막하다
관짝이다

저 관은
돛대만 달고 시방 천년을 또 간다
한동안 물결에 출렁거렸을 사막, 낙타

칼바람에도 전혀 움직임이 없다

푸른 시간의 출렁임을 기억하며
쇄빙선처럼 빙하의 길을 가고 있다

꽁꽁 언 자신의 심연을 향해
더욱더 깊은 침묵 속으로 침잠해가고 있다
그 관 속은 투명하다

우리는 저 끝에서 왔다
이제 어디를 향해 떠나가야 하나
아는 이 아무도 없다
〈

따뜻한 바람이 불면 떠날 것이다

아직 그가 올 기미는 보이지 않는다

저리 천년을 잠들어 있다

날개 뼈

아주 오래전

우리는 날개를 가졌었다

지금은 가슴에 접고 살아간다

언제부터 우리는

스스로 날고 싶지 않았던 걸까

어떤 허망함이 있었기에

가슴팍으로 굳게 굳어져 버렸을까

날갯짓을 포기하고 움켜쥐고만 있을까

어두운 방에 홀로

둥글게 몸을 말고 울다 잠든 아이처럼
〈

접힌 날개 뼈

이브를 만든 뼈가 날개였다니

창공을 올려다볼 때마다

습관적으로 날개를 옥죄고 산다

구름 위로 날아오르고 싶은 욕망이 가득해

마음은 오직 뼈만 남은 것인가

날개를 펴보려고 숨을 한번 크게 쉬어본다

만화경

문밖 승강장에서 버스를 기다리거나
커피숍에 앉아서
누군가를 기다리는 손님들을 바라보면
손안에는 늘 휴대폰을 들고 사용하고 있다
내 눈에는 왜 그 장면들이
사람들 머리 위에 말풍선 하나씩 뜬 것같이 보이는지
판타지 만화를 보듯이
사람들 머릿속이 상상하는 상상 속을 슬며시 들어가
함께 공유하고 상상력을 발휘하고 싶은지
의자에 앉아 마주 보아도
대화가 없는 건조한 행복을 느끼는 사람들을
만화광처럼 마음대로 읽어내고 있다
말풍선은 만화를 생동감 있게 살리지만
실제 그림은 움직이지 않는 것
길 건너편 문방구 주변을 한참을 바라보고 있으면
풍선을 들고 다니는 꼬마들 옆에
휴대폰 꺼내 들고 말풍선 하나씩 달고 앉아있는 사람들
아이들 풍선에는
달리는 흑마黑馬 그림이 그려있지만
말풍선을 달고 있는 사람들은 움직여도

멈춘 그림만 같다
요즘 거리가 모두 왠지 풍자만화 속만 같다
언제부터인가 나도 휴대폰을 꺼내면
말풍선 하나 툭,
몸에서 튀어나와 머리끝에 달린 것 같다
표정들이 하나같이
울상이면 말풍선은 부풀어 터질 것 같고
성난 얼굴이 되면
폭탄 터지듯 폭발하여 여기저기 흩어질 것만 같다

건강십훈

저녁을 먹는데
식탁 위 한쪽 귀퉁이에 약봉지가 놓여있다
무슨 약인가 뒤집어보니
아내가 타온 약 봉다리다
환자 이름 아래에
건강 십훈이 건강정답처럼 적혀있다

1. 적게 화를 내고 많이 웃는다
2. 근심을 적게 하고 잠을 많이 잔다
3. 욕심을 적게 내고 남에게 많이 베푼다
4. 말을 적게 하고 실행을 많이 한다
5. 차는 적게 타고 많이 걷는다
6. 옷은 얇게 입고 목욕은 자주 한다
7. 음식을 적게 먹고 명상을 많이 한다
8. 육식은 적게 하고 채소를 많이 먹는다
9. 설탕은 적게 먹고 과일을 많이 먹는다
10. 인스턴트를 적게 먹고 담백한 음식을 많이 먹는다

삼겹살 쌈장 상추를 미어터지게 입에 넣고
우걱우걱 씹고 있는 나

마늘, 땡초를 한꺼번에 씹었는지
어금니 안쪽이 뜨거운 물에 댄 것처럼 눈물이 핑돈다

직장에서는 보양회식
집에서는 비타민만 골라 찾는 나이
허리는 흐린 날에 더 시큰거리고
에어컨 바람에도 무릎은 눈물 나게 시린데

건강십훈 중 하나도 지키며 살고 있지 않은
게으른 나이
딸년은 홀아비 냄새난다 하고
아들놈은 뭘 설명해도 둔하다 한다

마늘이 매워서 그런 것은 아니다
보양식과 비타민을 아침저녁으로 먹어도 삭신은 날마다 날마다 아프다 한다
그런 나를 또 마누라는 매일매일 구박한다

마음을 파다

나는 대나무 의자에 앉아서

귓속말을 꺼낸다

하루 동안 대화와 바람이

북쪽으로 기운다

나는 귀이개로

담금질의 그곳 껍질을 건드려 본다

참을 수 없는 그 존재의 가벼움*이 지나간 자리

저 점액질의 마음이 저녁이다

귓속을 후벼 파는 일은

웃자란 바람의 뼈를 들어내는 것
〈

지나침으로 마음을 비우는 것은 밤의 방향이다

나는 어둠에서

허공의 의식과 무의식을 낚는

대나무로 등뼈를 꼿꼿이 세우거나 휘는 것이다

그 텅 빈 추위가

까마득히 사라질 때까지

나는 의자에 묶여 그렁그렁해진다

* 밀란 쿤데라

어항

내 머릿속 어항에는
많은 생각의 물고기가
거침없이 끝없이 유영하고 있다
온갖 물고기들이 아무 때나
어항 속을 헤집고 빠져나가려고 한다
어제의 채무를 걱정하다가도
오늘 밤 무료한 야근에 짜증을 내는 어종,
이 있는가 하면
휴대전화 이용료를 계산하다
새로 생겨난 대형마트에
동네구멍가게 아줌마의 우울한 마음을
안타까워하는 물고기도 있다
교통체증에
중요한 회의를 놓쳐버린 물고기는
아직도 사지를 비틀어대며 요동을 치고 있다
물고기의 작은 미동에도
어항 속은 항상 혼란스럽다
한낮 땡볕 아래
무료하거나 지루함이 몰려올 무렵
갑자기 한 놈이 툭, 생각 위로 뛰어오르면

일시에 파닥대는 물고기들의 요동들
오늘도
사소한 생각의 파문 때문에 어항 속은
또 시끄러워지고 혼란스럽다
어항의 수초 사이로
한바탕 해일이 몰려올 조짐이다

첫눈

내 나이 지천명知天命

오랜만에 마누라와 저녁 식사하는데

식당 밖을 내다보니

올해

첫눈이 내리고 있었다

찬바람에도 깔깔대며 즐겁게 뛰날리는 눈

환하게 흩어지는 눈발에

왜 이리 속절없는지

것도 모르고

뚱뚱 그녀 한 조각 먹구름처럼
〈

식탁 앞에 앉아

볼에 밥풀떼기 김이 붙어있는 거 아는지 모르는지

쿨적쿨적, 콧물 훔치며

순댓국만 꾸역꾸역 말아먹고 있는데

날리는 눈처럼

내 시선 어디로 굴려야 하나

이 마음자리 어디에 두어야 하나……

또다시 봄에

그녀가 광장으로 돌아왔다

검은 가슴에 喪章을 달고

초점 없이 흔들린 표정

사람들은

더치커피의 검은 눈물처럼 가득했다

광장의 노란 깃발들이

그녀를 위해 파르라니 떨고 있었다

사선을 넘어 바람이 불었다

가늠할 수 없는 꽃과 나비 사이

작은 우주에
〈

또 갯바람이 불고 봄이 왔다고 생각했다

그녀는

국화꽃들 앞에서 고개를 숙이고

숨겨진 울음에서 향내가 났다

검은 바다, 노란 물결

그 차가운 기억의 바다가 봄날이

영원히 끝날 것 같지 않아

그녀가 눈물처럼 또다시 돌아왔다

해빙기

물살에 휩쓸리며 누운 떼 가득하다

반짝이는 검은 가죽들이
뒤엉켜 떠밀려가는 덩어리들

모새달밭에서 솟구쳐 오른 한강하구 철새들
경고라도 하듯
칼 소리를 내며 휘돌고 있다

삼십 년만의 한파
고고히 흐르던 강물도 이마에 강력한 뿔을 세웠다

귀 기울이면
무릎 꺾어지는 소리
뼈가 부서지는 물살이 가슴으로 옮겨붙는 곳
삶을 견뎌내려는
거친 숨소리와 아우성
무언가 두드리듯 아래로 아래로 떠밀려가는데

거대한 소멸의 힘으로 밀려가는

부서진 응어리들
저 성난 발톱을 누가 감당할 수 있겠는가

불을 뿜듯 울부짖는 이 아우성도
봄의 발자국이 찾아오면
고고히 숨을 고르며
격정과 소멸의 이야기는 그렇게 사라져가겠지

정리

퇴직을 앞둔 중년이
깊은 밤에 혼자 책상을 정리하고 있다

바람이 들췄던 시집
달빛이 물끄러미 보았던 평론집
두꺼운 문학서를 책꽂이에 끼워 넣는다

새벽에 비틀대고 들어온
자식 놈에게 한마디 한 것이
강박이 늘어난 것은 아니냐고 허리가 쿡쿡 꾸짖는다

뒹굴고 있는 만년필
스케치했던 연필과 칼 잡다한 도구들도
한꺼번에 움켜쥐어 필통에 꽂아 넣는다

마누라에게 날카롭게 쏘아붙였던
지난주 일들이 갑자기 떠오르는 이유는 또 무언가
파지를 버리면서
지난 말투들도 휴지통에 버리고 싶다
〈

우울증이 생겨났을까
고추밭 잡초를 뽑아내다
계단을 쓸어내려 가다가 생각한다
지금 중년을 쓸어내리고 있는 건가

병원으로 출근하면서
중증 환자를 자주 보아 오면서
무심코 몸으로 익힌 철학들을 습관처럼 정리하고 있다

어쩌면 자신도 모르게
조금씩 마지막을 정리하고 있는 것인지도 모르겠다

책방을 정리하고 창밖을 보니
붉은 태양이 서서히 또 새빨갛게 떠오르고 있다

■□ 해설

실존(實存)에의 탐구와 결핍을 진술하다

안은숙(시인)

    살아감에 있어 우리에겐 다양한 감정이 교차하고, 우리는 보다 나은 미래를 꿈꾸며 염원한다. 김근열 시인은 실존에 대한 탐구와 시를 쓸 때 이를 중요한 범주로 다루고 있다. 자기 인식을 통한 실존(實存)에로의 집중, 그리고 결핍에 관해 초점을 맞추어 이를 고백하고 기록, 진술하는 방법으로 시를 쓰며 전진해 왔다.

    대학 졸업하고
    아버지가 이어왔던 가난을
    보란 듯이 家業으로 이어받았다

이웃 어른 혀를 끌끌 차며

우리 마을에 효자 났네 하겠지만

나는 오늘도 밭에서 돌아와 밖에서 하던 것처럼

방 한구석 책상에 쪼그려 앉아

만년필로 널브러진 개간지 흰 땅

백지장을 판다

원고지 칸칸 정지작업 땅을 물끄러미 들여다보면

가난만 보인다

물고랑 내듯 또박또박 획을 긋다 보면

구슬프다

삽으로 스스로의 무덤을 파듯

파고, 파면

뭐라도 나올 것 같아서 판다

밤이 깊을수록 더 깊어지는 가난

그리 파 내려가고

파 올라가도 결코 살림이 나아지지 않는 걸 알면서도

판다 가난뿐이라서

가난을 내다 판다 당신이 하신 것처럼

누구도 쫓아오지 못하도록

파 내려가다 보면

샘물 고이듯 벌써 가난이란 단어가 백지에 가득하다

- 「詩業(시업)」 전문

시인은 진지하다. 담쟁이가 "금 간 담벼락을 한 땀 한 땀 기워가"듯 (「화단에 물을 주고」), "방 한구석 책상에 쪼그려 앉아" "개간지 흰 땅/ 백지장을 판다" 원고지에 시어(詩語)들을 호명하고 또박또박 획을 긋는다. 화자에게 글이란 "가난을 파는 일"이었으므로, 가난을 가업(家業)으로 이어받았으므로, 밭에서 돌아와서도 백지장을 파고 "더 깊어지는 가난"에 자신의 무덤 파듯 "뭐라도 나올 것 같아" 파고 또 파는 시업(詩業)에 시인의 간절한 시심이 배어있다.

밤새도록 시를 쓰다

사유도 없고 묘사도 없는

여러 단어와 문장들을

창밖을 내다보며 가래침 뱉듯

수십 번도 더 뱉어내고 뱉어내었다

떠난 뭉치들이

이웃집 목련나무에 떡하니 걸려있는 것을

아침 출근길에 나는 보고 말았다

어젯밤 밖으로

뭉개어 던져 버린 시어詩語가

내 흰 원고지 뭉치 속에서 피지 못한

은유와 묘사가

목련나무 가지에

꽃봉오리 되어 슬며시 펼쳐지고 있는 것을

시인이 완성하지 못한 비유를

새벽의 여신 에오스가

자기만의 환유를 속삭여주고 갔는지

달의 여신 아르테미스가

달빛으로 은은한 묘사를 흘리고 갔는지

아니면 대지의 신이

적당한 울림을 들려주었는지

내다 버린 내 단어가

뱉어버린 내 문장이

목련나무에서 詩가 되어

한 잎 한 잎 환하게 피어나고 있었다

― 「목련이 피다」 전문

    밤새 시를 썼으나 매번 같은 마음일 순 없다. 사유도 묘사도 없는 단어와 문장들은 뭉개어 내다 버리는 게 다반사다. 어느 순간 詩

가, 던져진 죽음처럼 조용하게 가라앉은 단어와 문장들이 목련 나무에 매달렸다. 떠나간 뭉치들이다. "흰 원고지 뭉치 속에서 피지 못한" 것들, 은유와 묘사가 "이웃집 목련 나무에" 걸려있다. 창가 옆에 펼쳐둔 '시론'도 "비바람이 먼저 물 점을 찍으며 성급히 여러 章 넘기"(「재봉틀 소리」)듯 자신을 일으켜 세울 시를 쓰는 힘이다. 결국 간절한 욕망은 그를 떠나지 않는다. 이웃집 나무에 걸려있는 형상으로 아름답게 구현한다. 허기를 채워주듯 "한 잎 한 잎 환하게 피어나"는 희망 가득하다.

    어머니가 뚜껑을 열자
    김칫독 속에 달이 가득 찼다
    우리는 달을 먹고 자랐다

    노랗게 익은 달을
    숭덩숭덩 썰어 밥상에 올려놓으면
    우리는 무짠지 코를 베어 먹은 듯 짜릿했다
    코에 달이 꽉 찼다

    저녁을 먹고
    멍석에 벌러덩 누워

풀벌레 울음소리를 듣고 있으면

아라비안나이트 양탄자처럼 나는 둥둥 떠다녔다

날아다니는 반딧불이 쫓아

별 한 마리

별 두 마리

까슬까슬한 아버지의 턱선을 지나

엄마의 앞치마에 사뿐히 앉아 쉬는 별,

을 세기도 하다가

이 개똥벌레 놀음

지그시 내려다보고는

마음 모두 알고 있다는 표정으로

내 어깨를 살며시 두드려주는 달빛이 있었다

오늘도 고단한 몸을 이끌고 집으로 돌아오는 길

골목에 우두커니 서서

당신을 가만히 올려다보고 있으면

오래오래

오래도록 들여다보고 있으면

그렁그렁한 눈물처럼

내 몸짓 다 아는 듯 대견하다고

대견하다고

　　　오래 보고 있어도 눈이 부시지 않아서 좋았다

　　　　　　　　　　　　　　　　　　- 「달」 전문

"뚜껑을 열자/ 김칫독 속에 달이 가득 찼다/ 우리는 달을 먹고 자랐다" 어려운 살림살이에 김칫독을 열면 달이 들어왔다. 음식 하나를 보태주는 것에 철학적 의미가 있다. 동양 철학에서 노자는 "하늘의 도는 돌아가는 것이지 멈추는 것이 아니"라 했다. 일월의 묘사는 "이처럼 달이 차면 반드시 빈 것이 되고, 또 다시 찬 것이 된다" 즉 모든 것은 변화하게 되면서 또 변할 수밖에 없다는 것이다.

삶이란 끊임없이 변화하고 성장하는 것이다. 달을 먹고 자란 시인의 경험이 또 다른 도전에 힘을 얻게 되고, 결핍과 난관의 극복을 통해 자신을 성장시킨 귀한 의미가 된다. 그의 시작(詩作) 또한 이로부터 시작된다.

　　　우리 집은 북쪽에서 해가 떴다

　　열여덟,
　　반항심을 담아 술을 퍼마시며 다녔다
　　그냥 두려워서 마셨다

새벽에 시끄럽게 돌아오곤 했다

할머니가 몹시 걱정했다

한겨울 창에 눈부신 볕이 들면 눈을 떴다

머리는 무겁고

정신은 늘 혼몽했다

적막 속에서

창문을 흔드는 바람은 늘 사나웠다

하루가 늘 그렇게 두려움으로 시작됐다

쓸쓸한 방 안에 누워

고개를 돌려 창밖을 보면 밖은 금방 어둑어둑해졌다

남쪽으로 기운 태양이

벌써 서쪽으로 기울고 있었다

그 짧은 해를 바라보는 일이

그때는 왜 그렇게 답답하고 서글픈 일이었는지

북쪽의 빛을

서쪽으로 보내고 있는 순간

가위로 머리카락을 싹둑싹둑 잘라내듯

창틀 그림자는

누워있는 내 몸뚱이를 뭉텅뭉텅 잘라냈다

아버지가 엄마를 버리고

이사 온 집이 북향北向집이었다

내가 늦은 잠에서 깨면 항상 북쪽에 해가 떠 있었다

- 「북향北向집」 전문

노출이 최소화되고 안락함이 있어 북향집이 좋다 한다. 겨울엔 더 춥고 여름철엔 시원하다. 그러나 남쪽에 창이 없으니 자연광이 부족하고 늘 실내는 어둡다. 시인은 이를 경험했다. "아버지가 엄마를 버리고/ 이사 온 집이 북향北向집"이었다. 체감온도는 무척 낮았을 것이다. 열여덟 살 때, 반항심에 술을 퍼마시며 다녔고 혼몽한 정신에 일어나보면 늘 북쪽에 해가 떠 있던 날들이었다. "적막 속에서/ 창문을 흔드는 바람은 늘 사나웠"으며 "하루가 늘 그렇게 두려움으로 시작"되던 추운 집, 북향집이다. 다음의 시 「세한도」에서도 그 느낌을 체감할 것이다.

할머니는 그림 위에 앉아 오줌을 누셨다

돌아누울 때마다

벽에서는 흙이 쏟아져 내렸다

날카로운 북풍에 문풍지는 파르르 떨고

두터운 솜이불을 끌어다 덮어도 저며 대는 어깨는 시렸다

쪽창으로 드는

달빛에 비친 어린 동생 입술은 늘 파랬다

쥐들은 천둥소리를 내며 천정을 뛰어다녔지만

밤이 깊을수록

불안하게 술렁이던 바람은 내 귀에서 점점 멀어져 갔다

마른 먹물로

거칠게 그린 푸르른 잎사귀

파란 꽃숭어리

그 위에 앉아 볼일 보시는 할머니 엉덩이

달항아리 요강은 어쩐지 차갑고 쓸쓸해 보였다

이불 속에서

할머니의 습관을 게슴츠레 바라볼 때면

내 살갗 위로도 얼음 부딪는 물처럼 소름이 흘러내렸다

머리숱 희끗하신 아버지

새벽 아침

슬그머니 대문 밖을 나섰지만 살림은 나아지지 않았다

끝도 없는 겨울이었다

- 「세한도」 전문

날카로운 북풍, "돌아누울 때마다/ 벽에서는 흙이 쏟아져 내렸"고 문풍지는 파르르 떨어 "두터운 솜이불을 끌어다 덮어도" 어깨는 시렸다. "쪽창으로 드는/ 달빛에 비친 어린 동생 입술은 늘 파랬다"

  제목이 「세한도」인 시는 대부분 유배지에서 나왔다. 고전 작품 속에 많이 등장한다. "삭바람마저 빗질하여 / 서러움조차 잘 걸러내어" 삭풍에도 의연한 푸른 숨결을 풀어내는 청솔이 있고, "까막까치 얼어죽는 이 아침에도" 시련과 고난이 있어도 "저 동녘에선 꼭 두서니빛 타오른다."(고재종의 「세한도」)는 새 희망의 빛이 있다. 김정희의 그림 「세한도」를 보며 소망을 노래한 "소한이 가까워지자 눈 내리고 날이 추워져/ 소나무 잣나무의 푸르름은 더욱 빛난다"(도종환의 「세한도」) 그러나 이런 시와는 달리 김근열 시인의 시는, 이불 속에서 세한도 그림 위에 오줌을 누신 '할머니'와 그 '엉덩이', '요강'을 보며 한겨울 날카롭게 꽂히는 북풍과 가난에 하얀 머리숱 아버지가 "새벽 아침/ 슬그머니 대문 밖을 나섰지만 살림은 나아지지 않"는 암울하고도 참담한 현실을 말한다. 그에겐 "끝도 없는 겨울이었다".

어릴 적

사촌 경석이 형과

우리 형이 저수지에 빠져 죽었다

숙부는 그날부터

마음속에

절 한 채 세우고 먼 선산만 우두커니 바라보고 계셨다

나는,

절간같이 고요한

호수 위에 물수제비만 뜨고…

술 취한 아버지

뒷산에서 자꾸 종소리 들려온다고

너희는 안 들리냐!

고, 고래고래 소리만 치고…

水鍾寺

처마 아래 물웅덩이

파닥파닥 부나방, 어렴풋이 물종을 치고 있다

- 「수종사水鍾寺에서」 전문

운길산 [수종사는 세조가 금강산 유람 중 하룻밤 묵을 때 굴 안에 떨어지는 물방울 소리가 마치 종소리 같았다 한다. 시인은 「수종사水鍾寺에서」 마지막 연에 부나방이 수종사 처마 아래 물웅덩이에서 물종을 친다. 저수지에 빠져 죽은 사촌 형과 시인의 형으로 인해 숙부는 "마음속에/ 절 한 채 세우고 먼 선산만 우두커니 바라보고" 나는 "절간같이 고요한/ 호수 위에 물수제비만 뜨고…" 아버지는 술에 취해 "뒷산에서 자꾸 종소리 들려온다고" 고함을 지르신다.

절에서 들려오는 종소리는 마음을 평온케 하며 집중과 명상을 상기시켜 준다. "마음속에/ 절 한 채를 세우고 먼 선산만 우두커니 바라보고 계셨"던 숙부와 아버지에게는 실존적 '결핍'의 위로를 수종사란 절에서 받는 것이다.

그녀가 광장으로 돌아왔다

검은 가슴에 喪章을 달고

〈

초점 없이 흔들린 표정

사람들은

더치커피의 검은 눈물처럼 가득했다

광장의 노란 깃발들이

그녀를 위해 파르라니 떨고 있었다

사선을 넘어 바람이 불었다

가늠할 수 없는 꽃과 나비 사이

작은 우주에

또 갯바람이 불고 봄이 왔다고 생각했다

그녀는
〈

국화꽃들 앞에서 고개를 숙이고

숨겨진 울음에서 향내가 났다

검은 바다, 노란 물결

그 차가운 기억의 바다가 봄날이

영원히 끝날 것 같지 않아

그녀가 눈물처럼 또다시 돌아왔다

- 「또다시 봄에」 전문

  4월, 가장 잔인한 달이다. 토머스 엘리엇의 역설적 표현이다. 봄은 만물이 꿈틀거리며 힘을 얻어 일어나는 계절인데, 연약한 생명이 싹을 틔우는 4월 봄날에 아무것도 할 수 없는 자신의 신세를 반어법으로 비유한 것이다.

  김근열 시인의 시 「또다시 봄에」는 "그녀를 위해 파르라니 떨고" 있는 깃발들과 광장에 몰려온 사람들이 있다. "광장의 노란 깃발들이" 흔들리고, 국화 앞에서 "고개를 숙이고" 있다. '실존'과 '결여'를 동시에 마음 아파한다. 기록하는 일을 사명 삼았다. 평온한 세상을 꿈꿨지만, 세상 밖으로 떠밀려 나간 상처받은 가여운 영혼들 "검은 바다, 노란 물결", "그 차가운 기억의 바다"가 "영원히 끝날 것 같지 않아" 또다시 봄, 광장 앞에 "검은 가슴에 喪章을 달고" 다시 돌아와 서 있는 그녀를 본다.

실존에의 결핍과 절규를 호명하고 고백하고 기록하는 시인, "어둠에 묶인 슬픔들아/ 온몸으로 토해내는 시는 또 무엇인가"(「누에잠」) "이런 삶도 시라면 시가 될까/ 독해가 불가능한 난해시", "냉기에 냉기를 더한 지리멸렬한 삶이여 이제는 안녕"(「자발적 동사(凍死)」).

그의 시집 출간에 축하를 보낸다. 꾸준히 시작활동을 해왔으니 앞으로 더 활발해질 그의 행보에 큰 기대를 걸어본다.